私とお買い物

この本は、雑誌『美人百花』で２００８年から連載していたイラストエッセイ「ミーハー♥クローゼット」に新たに描きおろしを加え、連載時とは構成も変えて書籍用にまとめた、私、進藤やす子の５年に及ぶお買い物記録です。

雑誌の連載の書籍化というお話をいただき、なんてありがたいんだろう！　と思ったと同時にかつての買い物遍歴が再び日の目を見てしまう事にちょっとゾッとしたのも事実です。数年前の私は、当時人気の出始めた「ブログ」というジャンルでこんな物買いました♪といった具合に平気で醜聞を晒していました。

あれよあれよと増えるアクセス数に気をよくして、買い物もヒートアップ。ちょうどその頃『美人百花』から「進藤さんの買い物を連載で描きませんか？」とお話をいただきさらにさらにヒートアップ。アクセス数が増える、連載で紹介した物が売れる、という事態に軽く酔っていた気がするのです。

そんな折に東日本大震災があり、そして仕事で20年ぶりに運動をするという機会をいただき、そしてアラフォーと呼ばれる年齢になり、価値観が変わったというか、いや、目が覚めたというべきなのか。いずれにしてもそれまでの買い物遍歴を恥ずかしいと思うようになりました。

まぁ、今も変わらず買い物はしているほうだと思うんですけどね。買い物自体はやっぱり大好きなんですよ。「買い物」という行為が好きといったほうがいいかもしれません。

自分の物を買うのはもちろん、どんなものを貰ったら嬉しいかなぁと考えながらプレゼントを買うのも好きです。買い物しているときはアドレナリンが出て、なんかすごく高揚するんです(笑)。だって、それを購入した「その後」を考えるとワクワクしません？

このワクワク感は、小さい頃欲しかった物を買ってもらって枕元に置いて眠ったような、あの頃の気持ちと同じ。大好きな物を手に入れる幸せ＝媚薬をやっぱり止められないのです。

そういえば、昔から母がため息をつくくらい買い方も大胆で、月に１５００円のおこづかいしか貰ってないのに１５００円の帽子を買っちゃうような、買い物に関してはことさら計画性のない子供でした。

そうしてたいして成長しないまま歳を重ね、ビックリするくらい無駄遣いをする大人になってしまったんですが。いや、無駄遣いのようであって無駄遣いではなかった。

…と信じたい。

だってこうして連載をいただき、さらに書籍にしていただくという機会に恵まれた訳ですから。

そうして1冊の本になった今、こうして手に取ってくれた皆さんが少しでも「やっぱり買い物っていいな」「買って良かったんだ」なんて安心して（？）くれたらいいな、なんて思っています。

はじめに

ミーハー♥クローゼット 2013

〜最近のお買い物事情〜

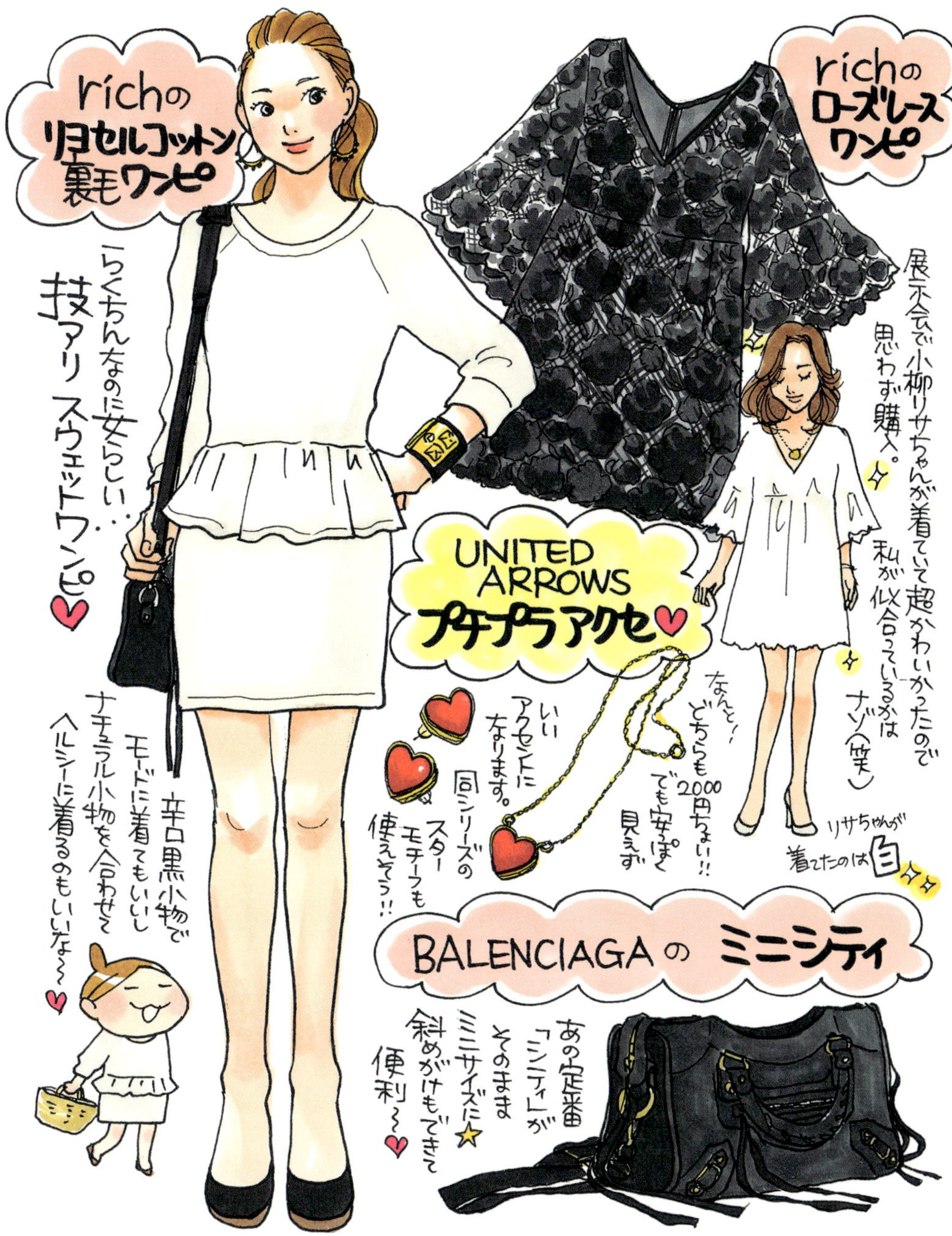
richのリヨセルコットン裏毛ワンピ
らくちんなのに女らしい…
技アリ スウェットワンピ♥
richのローズレースワンピ
展示会で小柳リサちゃんが着ていて超かわいかったので思わず購入。
私が似合っているかはナゾ(笑)
リサちゃんが着てたのは白
UNITED ARROWS プチプラアクセ♥
なんと！どちらも2000円ちょい!!
でも安っぽく見えず
いいアクセントになります。
同シリーズのスターモチーフも使えそう!!
辛口黒小物でモードに着てもいいしナチュラル小物を合わせてヘルシーに着るのもいいな〜♥
BALENCIAGAのミニシティ
あの定番「シティ」がそのままミニサイズに★
斜めがけもできて便利〜♥

…とまぁ、相変わらずお買い物楽しくやらかしてますが
ボカスカ買いまくってるだけじゃなく
あれも
これも
気に入ったものはちゃんと大切に長ーーく愛用しています
キリリッ
たとえばー

MOGAのファー付きコート
…2005年に購入したのでかれこれ8年モノ
ベースはナイロン素材でカジュアルめなのにぜいたくなファー使いでエレガントにも着られる1着。
…とはいえ、だいたいデニムかショーパンで着崩してますが。
DUVETICAのダウン(SABIK)
…こちらは2007年購入なので6年モノ
アローズの別注モノでファーがラクーンではなく黒のフォックスなので大人っぽい雰囲気
ニットワンピと合わせて可愛い感じに着るのが好きです

Shinzone×Champion ×STANDARD CALIFORNIAの パーカーワンピ
「欲ばりワードローブ」のP34に載ってます(宣伝)
パーカーワンピ大好物!!
これは2009年に購入。飽きずに今もよく着てます。このコラボシリーズが好きで次のシーズンも購入。P99の水色のパーカーワンピがソレです。
CALIFORNIA M.C.
七分袖もいい♥
派手色のG-SHOCKとブレスレットを重ねづけして手首周りにアクセントを♥
そーしてパーカーといえば
このCLUB adidas!!
KING
CLUB adidas
P97にも登場しますがなんと購入したのは1994年!!
しかも全くおしゃれじゃない近所のスポーツ店で発掘 (2900円)
驚異の19年モノ!!(笑)
ま、
スポーツ物は流行り廃りがないですからねー
アクロンで洗えば色あせも防げますしー(宣伝)
アクロン
スポーツ物以外にバッグも長く使ってるのあります。以前に
年季入ってんなー
と言われたことが。
どれのこと?
(バッグ両方とも、あとワンピも6年モノ)
まさか私?
38年モノ
BALENCIAGA
GOYARD
そんなわけで描きおろしでは「今はこんな風に着てます」的なことも描いているのでお楽しみに~♥

Contents

私とお買い物……2

はじめに　ミーハー♥クローゼット２０１３……4

第1章
Spring

春のクローゼットは華やかに彩る……12

意外と使えた！　青いシャツ……14

きれい色の最愛バッグを探して……16

時計〝清水《きよみず》買い〟のススメ……18

おうちがもっと楽しくなるインテリア……20

革小物はカラフルに……22

春アイテムを買いに行こう……24

お買い物報告会……26

大好き！　派手かわいいパンプス……30

What's in now? Spring……32

第2章
Summer

夏のクローゼットはアクティブ&ヘルシーに決めて……36

セールで買って成功するのは「着映え服」……38

本当に良かった！ 優秀旅アイテム……40

Tシャツ大量買い……42

What's in now? Summer ❶……44

大人仕様のマリンスタイル……46

夏気分UPのマキシ丈……48

歩きやすい靴を探して……50

What's in now? Summer ❷……52

第3章
Autumn

秋のクローゼットは女っぽく装う……56

気分が上がるrich のワンピ……58

物欲の秋は「+スカーフ」で乗り切ろう……60

カーゴパンツは万能……62

本命コート衝動買い……64

第4章 Winter

バッグ道楽・私の結論……66
寒さ対策に使えるアイテム……68
What's in now? Autumn……70
冬のクローゼットは賢くおめかし……74
定番品買い足しショッピング……76
クリスマスにプチプラピアス……78
旬のテイストの黒小物……80
セール品、買うなら安い物か高い物……82
ラクちん&着映えワンピ……84
真冬の白を身につけよう……86
春色バッグのコーディネイト術……88
What's in now? Winter……90

第5章 Beauty & Sports

大人のおしゃれはカラダも大事……94
派手ウエアと小物でスポーツの秋……96
おしゃれなウォーキングシューズ……98
とっておきラン用ファッション……100

Contents

美容注力週間……102
セルフメンテで健康美人……104
春色スニーカーでアクティブに……106

What's in now? Beauty & Sports……108

おわりに……110

この本は、『美人百花』に２００８年３月号〜２０１２年４月号まで連載されていた「ミーハー♥クローゼット」に、描きおろしを加えたものです。掲載されている洋服・小物はすべて著者の私物のため、現在は発売されていない商品も多数ある旨、ご了承ください。

第1章
Spring

春のクローゼットは華やかに彩る

春は誘惑の嵐。ピンク、イエロー、グリーン、水色…。ショップの店頭は、一気に軽やかな色と素材で溢れます。秋冬のダークカラーに飽き飽きしていた私たち、そんな春物を買わないわけにはいきません！そうして素敵な誘惑に嬉々として負けながら、クローゼットを華やかな春色で満たしていくのです。

意外と使えた！　青いシャツ

シャツをカッチリした仕事着にせず、さらりと着こなすポイントは「色」にありました。鮮やかな青色のシャツで、コーディネイトの幅も広がります。

春のファッションも
いよいよ本番♥
アハハ
ウフフ
女らしいシフォンのワンピ
…とかはあまりガラではないので
スッキリしたテイストの
アイテムで春を満喫します!!

Yasuko's Comment

春は発色のいい服に目が釘付け。強めの色が好みなので、この時は青いシャツをセレクトしました。胸元を開けて、インナーをチラ見せするのが定番の着こなしです。

インナーはレースなどの装飾がないシンプルなものを合わせることで、シャツの持つヘルシーな印象を崩さないようにするのが鉄則。そのぶん、パンプスやアクセサリーで女っぽさを加えます。

母が好んで着ていた影響もあるのか、昔からシャツは私のクローゼットの常連アイテム。素材やテイスト違いで色々持っていますが、そのほとんどがアイロンがけ不要のものばかり（笑）。それでも着るだけできちんと見えるのが、シャツの魅力なのかもしれません。

BLUEのシャツがお気に入りです♥
MIRROR OF Shinzoneのワークシャツ★
レディスでは…案外ない色!! 水色でも紺でもなく 青!!
どちらも長すぎず短すぎずな着丈なのでボトムスにINしなくていいベストバランス
AMERICAN RAG CIEのウエスタンシャツ★
シンプルなデザインなので着回し度大♥♥
大好きな「BEAUTY & YOUTH×MAYU」の紺ブレとも相性◎…
UNITED ARROWSの白のチノパン★
はんぱ丈のスリムなパンツよりチノパンのほどよいルーズさが今年っぽい♥♥
…ベージュじゃなくて白が気分♪
ボトムスを入れかえてももちろんOK
…どっちのシャツにも合いそうなLeeのショートパンツもBEAUTY & YOUTHで購入♥
ワッペンが可愛い♥ので早くアウターなしで着たい!!
そして
ショートパンツを合わせたい!
ま、そのためにはやせねば…
豚足!!
BEAUTY & YOUTHのボーダースカート★
レギンスをはいてもスカートが白×紺のボーダーで抜け感があるので厚苦しい印象になりません♪

きれい色の最愛バッグを探して

「自分へのごほうび」の代表格、ハイブランドのバッグは、いろんなショップを見て回って、自分にぴったり合う一品を探す時間も楽しみのひとつです。

著書本のヒットに気が大きくなり
こんなに寒いけど暦の上では春!!
売ってる服もメキメキ春めいてきてますが
今から春服着てたら風邪をひく!!…ので
まずはBAGから春をとり入れてみたいと思います
むしろ頭が春
コレください
CARD
節約!
カードで買ってたら大変な金額に…!
来月はマジで「ご飯に塩」のイキオイです…

Yasuko's Comment

この時はバッグを「乱れ買い」しました（笑）。でも、買う時はこだわりを忘れません。それはギリギリＡ４サイズが入る大きさを選ぶということ。イラストのように腕にかけて持てる大きすぎないバッグは、パンツにもスカートにも合わせやすくて、オン・オフ両方に使えるから、持っているバッグの大半がこのサイズです。

ショルダータイプのビッグバッグも便利ですが、素敵なレストランに行く時にそれを席に置いていたら、ちょっと無粋。そんな時はクラッチを一緒に持ち歩くといいかもしれません。最近は薄型のものも多いので、ふだんはバッグインバッグに、レストランでは小脇に抱えてスマートに…と活用できそうです。

2011年・3月号

オンもオフも
使えるバッグしか要らないでSHOW
キレイめのジャケットスタイルにもラフなデニムスタイルにも合ぅ
万能3バッグ
このラゲージ「マイクロショッパー」は
大きすぎず小さすぎずのベストバランス
CELINE
A4を
タテに入れると
ちょっと頭が出るサイズ
マトラッセより
もっと普段使い
しやすい
チェーンバッグを
探していたので
ひと目ボレ
プー
ソフトキャビアスキンなのでくだけた印象に♪
CHANEL
どのバッグにもヨユーで入ります
今年の手帳は
クオバディスの「トリノート」
(18×24cmのBigサイズ!)
GALAXYで
「スマホ」デビュー
BALENCIAGA
THE SUNDAYのS!
パッチワークで
パンチあり!!
・カッチリしすぎない
・デカすぎない
・インパクトカラー
私の場合、これが
「失敗しないバッグ選び」の
3カ条なのです〜
貯金ー
すっからかん

時計 〝清水《きよみず》買い〟 のススメ

ハイブランドの品も、遊び感覚満載のチープな品も、身に付けるだけで着こなしのスパイスになる時計は、頼もしいおしゃれの味方です。

春って新しい小物を買いたくなったりしませんか〜？
そんなわけでワタクシ!!
時計を買っちゃいました〜〜!!
ほぼ実物大
2月初旬に…
黒×ゴールドは日本にひとつと言われ。
HERMÈSの『メドール』
ROCKなかんじがかっこい〜
そりゃ買うしかないだろ!!

2009年・5月号

Yasuko's Comment

実用品でありながらアクセサリーにもなるのが、時計の魅力。最近は携帯で時間が分かるから時計を身につけない人も多いようですが、腕時計を見るためにそっと腕を曲げて視線を落とす仕草がエレガントで美しいと思っています。

ハイブランドから遊び時計まで、色々買ってきましたが、今も大事に使っていますし、日々増え続けてもいます(笑)。30代前半ぐらいまでは、ブランド指名買いをよくしていましたが、最近は遊び時計が増えてきました。身につける時は、手持ちの中でその日のコーディネイトに合うものを、バングルやブレスレットの感覚でセレクトしています。

どれも大切にしてます♡
愛用時計は この 3タイプ
仕事時計
苦楽をともに!!
毎日使える質実剛健タイプ
ステンレスでゴールドとのコンビ時計は着る服を選びません♪
革ベルトなら…
Cartier タンクフランセーズ(ボーイズ)
HERMES Hウオッチ
姫時計
華やかな席にはきゃしゃなデザインで♡
アクセントになるものを♡と思ってラズベリーをチョイス!!
Cartier ミニパンテール
ゴールドのダイヤモンドセッティング
Cartier ラニエール
ピンクゴールドの2連タイプ
買うのに勇気がいるけど、とにかく気分をアゲてくれる魔法の時計がコレ
お遊び時計
外しアイテムとして役立ちます♡
CASIO 逆輸入盤
アウトドアの時やB級居酒屋(笑)に行くときはコレ!! ユニセックスなデザインが好き♡
JOURNAL STANDARD コラボ
いつかは欲しいけどまだ私には似合わないかも…と思って手に入れずにいると
「いつまでたっても似合う私」になれないもの!!
思いきって購入して、その時計に「もうひとつ上の私」にひきあげてもらうのもアリなのでは?
私、そう言いきかせて清水買いしましたの…

おうちがもっと楽しくなるインテリア

快適なおうち作りに欠かせないのは、自分の好きなアイテムたち。
インテリア雑貨から日用品まで、自分の好きなものがあるだけで毎日がもっと楽しくなります。

2010年・5月号

4月!
新生活のスタート
って感じですよね～♪
昨年の6月に引っ越しをして
あれやこれやと
少しずつ買い足して
最近やっと
快適なすみかに
なってきた気がします。
まだまだ欲しい物はいっぱい
あるけど、ない袖は振れない～(苦笑)
姫系じゃない
シャンデリア
欲ちぃ…
ARCOのがいいなー

Yasuko's Comment

わが家のインテリアは家具を茶、黒ベースにして、ビビッドな色味のピンクやオレンジ色の小物でアクセントを加えています。

手頃でかわいいインテリアグッズが年々増えてきて、ついパッと見のかわいさで手を出したくなりますが、テイストがブレないよう、自分の中で基準を持つといいですね。私の場合、パステルカラーは使わない、形はベーシックに色で遊ぶようにしています。

ラグやカバー類は、それを変えるだけで部屋の雰囲気も変えることができるので、お気に入りのアイテムが見つかると、それに合わせて模様替えを楽しんでいます。

このクドい感じがたまらーん
時流にのっておうちライフが充実してます♥
一般的な椅子よりほんのちょっと座高が低いので座りやすいんです♪
Vernicaのクッションカバー♥
段々のレースがラブリ〜♥でもベーシックカラーなので意外と甘くなりすぎません♪
BEST OF SNOOPY PINK LOVEシリーズ♥
なんとスヌーピーはゴールド
SIEGER DESIGN社によるスヌーピーのコレクション食器
かなーり自己満アイテムです(笑)
なまめかしい〜
メキシコダウニー
元パッケージデザイナーとしてはびっくりの色使い(笑)!!でも予想GUYにいい香り!タンゴがお気に入りです♥
Downy Tango
Downy Elegance
かわうい〜
低反発の足底で立ちっぱなしのときや家の中を歩きまわるときも足が疲れない!!季節によって素材が変わる上、安いのでしょっちゅう買い替えできるものoooα
GUEST&MEのセット商品
GUEST & ME
お客様へのもてなしのぜいたくを自分にも♥
おうちがホテルに格上げされた感じになります♥
ユニクロのルームシューズ
なんと1000円!!
カリモク60のDチェア
ほかにグリーンやアイボリーもあって悩んだ末黒に。これが大正解♥部屋の印象がグッと引きしまりインテリアにメリハリが!

革小物はカラフルに

バッグを開けたらきれい色の革小物がちらりと覗く、そのさまは女性ならではの楽しみ。ふだん身につけない色にチャレンジできるのも、小物の魅力です。

4月はなにかとスタートの季節
気分一新で小物を買い替える方も
多いのでは？
ワタクシ進藤、
革小物にはこだわりが
ありまして。
それ・は・・・
黒や茶色は買いません!!
宣誓！
だってだって、男性用に比べて
せっかくキレイ色が豊富なんだから
女子たるもの
革小物だってカラフルに
可愛く装いたいですよね

Yasuko's Comment

今も革小物はカラフルなものしか買いません。小物の場合、コーディネイトを気にしないでいいから、自分の趣味だけで選ぶと、自然とハデ色になっていくのです。

仕事で初対面の方に会う機会も多いので、名刺入れは必ずきれいなものを持つようにしています。仕事道具に投資するのは、大人の女性のたしなみと言い聞かせ散財（笑）。

もし「新入社員の頃から名刺入れ変えていない」といった方がいたら、そろそろ変え時かもしれませんね。財布のように毎日使うものではないので、数年使ってもくたびれることはないですし、投資する価値のあるアイテムだと思います。

ちなみに私のBagの中はこ～んな感じ
手帳は(大)(小)ともHERMÉS
中はオレンジかわゆす♥
(大)は日記&雑記帳として使用
30歳になる年にヴィトンのエピからスイッチしました。
NO～～
ポチャ…
初代は便器に落ちてご臨終…
パスケースはPRADA
実は白につづいて2代目…
名刺入れはKate spade
ペンケースはHERMÉS
ショッキングピンク♥♥
KO
ゴールドとピンク
歴代財布もカラフル～♥
HERMÉS
PRADA
お財布はCHANELのグリ～ン
めちゃお気に♥
シャネルで黒やベージュだと他人とかぶっちゃいそうでイヤなの…。
Bagの中で
キレイ色のほうが迷子になりません!
Bagの中もカラフルなほうが女のコらしいじゃん♥
ちなみに…パーティーのときのお財布ってけっこう困りません？
パーティーバッグは小さいほうが可愛いし。
そんなお悩みを一気に解決してくれたのが「今月のお買い物」のコチラ!!
ドイツ ベッカー社の極小財布
超オススメ!
なんとこのお財布、名刺サイズなのにお札が折らずに入る!!
カード入れも小銭入れもある!!
カラーや素材も豊富で悩んだ末ゴールドにしました。
安くて高品質なのでもう1コ欲しいくらい!!
ただ…ついまたバックポケットに入れちゃってあの悲劇をくりかえさぬよう要注意っス!!
もう絶対落とさねー
クラッチバッグにもすんなり入ります♥

春アイテムを買いに行こう

冬のセールシーズンが一段落すると、お店は一気に春モード。お値段も冬物に比べると春らしく軽めだから、つい色んなものに目移りしてしまいます。

2008年・3月号

Yasuko's Comment

これを描いた頃は人生の中で一番ガーリーな時期だったので、今より幼いテイストのものをよく買っていましたね。最近はプチプラアイテムを買うなら、まずユニクロのコラボ商品をチェックしています。

アンダーカバーやbeautiful peopleといった人気ブランドがユニクロ価格だなんて、昔じゃ考えられません。もちろんデザインも手抜きなし。着ていると友人に「これどこの？」とよく聞かれたりもします。

プチプラアイテムを買う時は、ペラペラの化繊や淡いトーンの色味のものはチープな印象になるので、コットンやスエット生地で、グレーや黒、紺、パキッとした赤や青など濃い色味のものを選ぶようにしています。

連載初回だけ「反省アイテム」を載せていましたが、お買い物は楽しまなくちゃ！　と、1回で止めちゃいました。とはいえ、このタイツは穿きこなすにはハードルが高すぎました。

お買い物報告会

買い物欲全開で臨むのが春のお買い物の掟。
持っているだけで気分が上がるアイテムは、目についたらひとまずチェック！
結局、チェックするだけでは済まないのですが…。

2010年・3月号

Yasuko's Comment

暖かくなってきたら、足元をロールアップしたボーイフレンドデニムに素足で女っぽいパンプスを合わせる格好をよくします。チラッと見える足首が色っぽい、春ならではのお気に入りスタイルです。

春のラインナップは明るい色柄、華やかなプリント、軽い素材など、季節の中で一番女子気分が上がるものばかり。冬のダークトーンに囲まれていた反動もあって、とにかく軽くて明るいものから手に取ってしまいます。

また小花柄をよく目にする季節ですが、私にはちょっと甘すぎるので身につける機会はほとんどありません。好みはレオパ柄やタイダイ柄のように派手なもの。手持ち服の多くがカジュアルアイテムなので、それだけでコーディネイトすると地味な印象になる中、華やぎを添えてくれる強めの柄アイテムは重宝します。

ただ、こうした濃いアイテムをコーディネイトに投入する時、さらに濃いものをぶつけると途端にくどくなるので、髪やメイクはナチュラルにまとめます。

洋服は華やかカラーを増やしますが、ルームウエアの場合はチャコールグレーや黒がほとんどで、色ものはこの２色に飽きた時ぐらいにしか買いません。家の中ではすっぴんメガネで過ごすことがほとんどなので、かわいすぎるアイテムだと顔が浮くんですよね（笑）。ラクちんだけど、近所に出かけられる「ワンマイルウエア」レベルのクオリティーはキープするように心がけています。まぁ、近所の人にはおそらくニートと思われているでしょうが（笑）。

ロールアップ・デニム主体
毎日スタイル
黄色が新鮮!!
…入荷連絡待ちしてるMIRROR of Shinzoneのチェックシャツ
早く入ってこないかなー
ドゥーズィエムクラスの
春ツイードコート
黒だけど春っぽい!!
FENDIの
MIA
発売時からずーっと気になってたMIAシリーズ。
年末に伊勢丹先行発売の新色パープルをゲット!!
意外と着る服を選びません。
Lara&Heartの
チャーム
キラキラのビーズ
シャネルバッグにつけると超ハマって映える!!
でもバレンシアガのThe Firstとかにアクセントとしてつけたりもしてます。
ドゥーズィエムクラスの
スカーフ柄ボーダーカットソー
エルメスのヴィンテージスカーフの柄（※お店のスタッフさん情報）をボーダーに重ねた技アリの1枚。
スカーフ柄のおかげでエレガントな印象
袖が八分丈なのもモロ好み
紺ブレや黒のテーラードJKと合わせて大人っぽく着ます♪
ちょっと前に買ったSergio rossiの黒スエードパンプス
タッセルが気分
値札を見ないで購入したら…予想以上に高かった…。
でも後悔してないもんっ
くわっ
LOUIS VUITTON
モン・モノグラム
オーダー中
3月完成予定
ファスナーのあの会社外じゃ…
ないよ
30cmもあるけど全体のバランスを考えると25cmが可愛いと思う!!!
3文字まで入れられるのでYSK（やすこ）に♪
白シャツと合わせてサラッと持ちたい
まだまだ続きまーす

女子たるもの！春は買い物が楽しくてあたり前!!
春にどっぷりひたる女子力UPスタイル
もはや定番！mattaのストール
3月くらいまではカシミヤ素材のオフホワイトを、
春本番になったらシルクコットンのライトグリーンをまきまきします。
グリーンと悩みに悩んでブラウンをチョイス…
Vernicaの胸元ビジューベアワンピ
AYURAのゼリードパルファム
香りが強くないのでデコルテなど広範囲に塗ってもOK。近いキョリになる関係の男子に褒められます♥
か・わ・い～！
t-b-iの水彩柄ワンピ
「これを買わずして何を買う!!」と思ったひと目ボレワンピ♥
最近（私の中で）アツいt-b-i
素材も縫製もしっかりしているのに比較的買いやすい値段もgood
t-b-iは柄が派手でも露出が高くないので下品にならない！
でもこのワンピも背中はV字のカッティングだったりほどよい女らしさが♪
Sweet&Sheep巾着型ショルダーバッグ
P81でも紹介したこのバッグ、あまりにも便利なので（黒に続いて）春の軽い装いにも合うグレーを買い足しちゃいました♪
ピンク！&ピンク！
ドレステリアのシフォンプリーツスカートとABAHOUSEのラメ箔キュロット
着丈もすごく短いわけではないので安心して着れるのもポイント高し！
キャー
ピンクが好きすぎて
プチ
パー子状態

OFFモードの1日は…
待ってました!!
ユニクロのブラトップワンピ♡
パジャマにも、ワンマイルウエアにもなる、ステキすぎるワンピ
洗濯機でガシガシ洗いたいので色落ちしても味になる(であろう)ダークグレーをチョイス
ササッ
寝グセのはげしい前髪をキラキラカチューシャでデコ出しして1つ結びしちゃって(1分かかりません)
スパンコール
800円
ドレステリアの定番パーカ
厚手のスエットピタピタすぎずほどよいゆったり感で大人のゆるみつつある体型をカバーしてくれます…(笑)
もーちょいアクティブに動きたいときは…
…を羽織れば近所のコンビニくらいヨユー♡
Columbia×atomosのブロディージャケット
アウトドアブランドって意外と好き!!
こういう男女共通のアイテムはド派手なくらいのキレイ色を選んだほうが女子感が出ますよね♡
Y.M.D.O.×ピーチジョンのメタルロゴT
(WeB限定)
デコルテのあき具合がちょうどいい!
着丈もちょい長めなのでスカートにもパンツにも合わせやすいんです♡
New Balanceのジョギングシューズ(WR769J)
白ベースじゃないジョギングシューズは街履きしやすい♪
いや〜それにしても支払いが大変だ〜
ヤレヤレ…
CARD
わしたショップかネットで購入可能
¥1,260
chufudi
チュフディの宮古島のホワイトパウダーソルト石けん
がお気に入り
シアバター配合だから保湿力抜群!
つるすべ〜
オフはお化粧したくな〜い…でも顔くらいは洗うよね?
最近人気の固形石けん、私は
バシャバシャ

大好き！　派手かわいいパンプス

靴は黒や茶などのベーシックカラーから揃え…ないのが進藤流。
派手カラーは、意外とコーディネイトのアクセントとして使えるんです。

Yasuko's Comment

私にとって春といえば「パンプスの季節」。まずは足元から季節感を取り入れるという意味もありますが、何より大量に新作が並ぶ季節の初めを狙っているからなんです！　カラフルなパンプスは年中あるわけではなく、特に秋冬はダークカラー中心になってしまうので、出始めにゲットするのが恒例になっています。シンプルなコーディネイトでも、風格のある華やかなパンプスさえあれば、女っぽく決まります。

もし初めて派手靴にトライするなら、おすすめはスエードの赤。色の肌なじみがよく足を柔らかく包んでくれるので、重宝すること間違いなし。赤以外にも、紫や黄色もいいですね。黒やグレーのタイツと相性がいいので、まだ肌寒い春先からでも活躍してくれます。

2009年・3月号

春って絶好のパンプス買いの季節
ニーハウ メンズライクな格好に美パンプスって好きです
華やかな色の靴が大〜好き
なので毎年この時期に1足は購入することにしてます
クリスチャン ルブタ〜ン
'06
形はシンプルでビビッドカラーが大好物
じゅるる
セルジオ ロッシ
'05
ここ数年はこんなかんじー
われらスタメン★ロッシ3姉妹!
ゴールド!
'08
イエロー!
'08
レッド!
'07
変態…
えへへ…
スリスリ
そして…今年の戦利品はこれだーっっ
ド
ピンク
中はーセクシャルバイオレット!!
(舌!!)
萌え〜
Sergiorossi
中はピンク!!
なんと レインボー!
可愛いすぎて
失神しそう…
鼻血!
もちろん黒や茶色の靴が使えるのは百も承知! でもでもでもっ!!
派手な美パンプスって履くだけでウキウキしちゃうんだよ〜〜
やっぱり「ウキウキ」がたくさんある日常のほうが嬉しいじゃない?
…というわけで美パンプス狩りにレッツゴー!!

ミーハー♥クローゼット

what's in now?

Spring

過去に買ったお洋服たちは、今も最前線で活躍中。そんなお気に入り♥アイテムの、最新の着こなしをピックアップ！

ドゥーズィエムクラスの
春ツイードコート
サルティのストールは
薄手かつ大判なので
1年中愛用♥
ドレステリアの
キレイ色スカートで
グレーのブーティは
マットなタイツとも相性◎
YOOXで
お安くgetも
しました♪

ドレステリアの
ピンクプリーツスカート
P18のHERMESのXドールと
スタッズブレスを重ねづけ
「色チ買い」したROSSOの
ドルマンプルオーバー（P65）のチャコールで
カジュアルダウン
バレンシアガのミニシティなど
小物は黒で統一して
辛口テイストに
もちろん
黒タイツでも
可愛い

ニュアンスカラーでまとめて
優しい雰囲気に
P66のLOEWEの
アマゾナ
ベージュのタートルネックを
単なる地味に終わらせない
ピンクの威力
右ページと
真逆の
黒を使わない
コーデは
女性らしい
柔らかさが出ます

第2章
Summer

夏のクローゼットはアクティブ＆ヘルシーに決めて

夏はセールに旅行にと大忙し！　そんな日々の味方になるのが、着ていてラクちんなＴシャツやワンピース。だけど大人たるもの、だらしないのはいけません。目指すはヘルシーな女っぽさ。Ｔシャツ１枚でも、自分を素敵に見せてくれる色や素材を吟味して。それが夏のおしゃれを底上げするコツなんです。

セールで買って成功するのは「着映え服」

セール、それは頭に血が上り、「うっかり買い」も多発する危険なイベント…。そんなセールを制する秘訣を見つけました！

Yasuko's Comment

セールでの失敗＆成功談から得たセオリー、それが「セールでは“着映え服”を買う」ということでした。着映え服は、コーディネイトの幅をぐっと広げて、イメチェンにも一役買ってくれる便利アイテム。

振り返ってみると「何かに使えそう」や「着回しが利きそう」という保守的な買い方は、買って良かった！ 感の薄い、つまらない結果に。せっかくならば攻めの姿勢で、おしゃれの幅を広げたいものです。

セール中は試着不可のお店もあるので、日頃から各ブランドの服の作りを知っておくのも成功の秘訣。自分の体型に合うのは何号か、丈やフィット感もブランドごとに異なるので、ふだんのお買い物から試着の習慣をつけておくと、ぴったりの一着を見つけやすくなります。

2008年・7月号

着映え服とは…
印象が変えられる
インパクトアイテムのこと
私もメーカー勤務時代は着まわしやすい
シンプル服ばかり買ってた時もあるけど…
こーいうの…
このテの服はいくら枚数を持っていようと
『いつも同じような格好』に見られがち。
そこで投入したいのが着映え服!!
そして…
今季のSALE戦利品はコレ
VIVIENNE TAMのワンピ
ADOREのツーピース…
もちろん単品でもかなり使える!!
どちらもつかず離れずの美シルエット
ふだん
手を出しにくい主張強めな着映え服こそSALEで買っちゃおう
朝から気分が上がるし
オススメだよ～
Kate Spade NEW YORKのクラッチバッグ
ちなみに…
過去のSALE戦利品はコチラ
狙い撃ちでした…
フフ…
切りっぱなしがイイッ
Adam et Ropé
united bamboo
ラメ!!
OLブランドもチェック!!
スカートにもなるスグレもの!!
今年っぽいけど3年前の戦利品
Cynthia Rowley
…こっちも70%OFF
BOSCH
スエード
凝ったデザインでラインもキレイ
なんと70%OFFでget

本当に良かった！　優秀旅アイテム

かわいくて、ラクちんで、重くなくて、かさばらない。
そんなぜいたくな希望を叶える優秀な旅行アイテムたちを一挙ご紹介。

まだまだ暑いこの時期、
でも涼しくなったら
温泉に行こうと計画中
湯宿といえば…以前泊まった
九州の某旅館（そこそこ名の知れた人気宿なのに…）の
部屋着が
体操着っぽくて
大ショック!!
どぼちて…
イーチ
ニィ
サンシ
やはり万が一のために
館内や近隣散策に行ける程度の
可愛いリラックスアイテムはマストですね!!

Yasuko's Comment

旅行のおしゃれは、夏ならばマキシワンピにビーチならばビーサン、レストランやホテルではバックストラップのぺたんこサンダルが鉄板です。これにストールがあれば、冷房対策もばっちり。

そして秋冬はショートパンツやキュロットに、レザーのブーツ。きちんと感が欲しい時は、しわになりにくいワンピースも重宝します。

いずれも、ウエストを締め付けないのが必須条件。旅先ではふだんよりよく食べるし、移動時間も長いので、苦しくなりそうな服は着ていきません。

避けたいのはデニム。ラクちんに思われがちですが、実は重くてかさばるし着ていく場所も限られているから、旅には不向きです。

2008年・9月号

旅の荷物は"便利&可愛いグッズ"をフル活用
湯あがりはコレ!! カップ付きインナー
next to the skin
UNIQLO
オキニ
襟のカッティングがとにかく美しい~
KariAngの森本容子さんがトリンプとコラボした下着
伊勢丹限定商品です。
言わずと知れたブラトップ。安くてらくちん
溶けてる?
だら~
軽量バッグ
荷物はコッチ
ナイロン×革素材でカジュアルすぎないのがお気に入り♪
kate spade NEW YORK
IN
GOYARD
BALENCIAGA
お財布など貴重品はコッチ
(たたんで入れていきます)
ちょっとしたディナーにもOKな「使用シーンの広さ」が魅力♪
YLANG YLANGのシュシュ
パーカ2900円、スカート1900円のプチプラ
なんと!
室内&館内用ビーサン
mellaの上質素材のビーサンはひょう柄でキュート
もちろん王道ハワイアナスも900円♪
散策もOKなスエット
DHCのWEBサイトで見つけちゃいました
カラーも5色アリ!
(もう1色買いたいくらい~)
大人がはいてちょうどいいミニ丈!!
素足でも安心なミニすぎない丈です
派手めヘアアクセ
旅先でも髪を巻いてるのってこなれてなくてイケてない~
だから派手めのヘアアクセでごまかします♪
使えるのはYLANG YLANGのシュシュやFLANK AND KAHNのスカーフ風カチューシャ

Tシャツ大量買い

大人になると、Tシャツは似合うものと似合わないものがハッキリ分かれるように。カジュアル上手になるための、選び方のポイントは…？

蒸し暑くなってきましたね〜〜♪
こうなってくると俄然
出番が多くなるのが
Tシャツ
襟のつまったメンズライクなTシャツは
相も変わらず昔から大〜好きだし
今年っぽい襟ぐりの大きいものも好きです
中央特快
弟とおソロ(笑)
…つい最近買ったオキニT
CHASER×WWEのコラボT!!
百花繚乱のTシャツ、皆さんはどんなの選んでますか…？
Tシャツ部長

Yasuko's Comment

暑くなってくると、どうしても出番の増えるTシャツは、たくさん持っていても関係なく毎年色々買い足してしまいます。

選ぶ時は、今も「ルールその２」以外は実践中。2013年の今、実は無地の白Tも着るようになりました。少し透け感のあるくったりした白Tの下に、ユニクロのブラトップを合わせています。ストールを巻いたりシャツを羽織ったりと、白Tを解禁したらコーディネイトの幅も広がりました。無地Tは白以外に、チャコールグレーも愛用。白いボトムと合わせて、大人カジュアルな着こなしがお気に入りです。

もちろん自分の体型を無視した選び方はしません。Tシャツこそ試着をして、首の開きや腰回り、着丈まで細かくチェックしています。

オトナになるとTシャツが似合わない…と思うなかれ!!
今っぽくてオトナっぽい「Tシャツ選び3原則」
ルール その1
1枚でサマになる着映えTは使える
暑い 暑い
ふ〜〜
部長
食べ物屋さんでは上着って脱いじゃうので1枚でも可愛く見えるものが便利。
ミュベールは大人可愛いTシャツの宝庫
ただしお値段は可愛くないので1枚のみゲット…
1
これも即決!
2
スパンコールできらびやか〜
キレイめに着れるTシャツで打ち合わせにも着て行ってま〜す
アローズです
ルールその2
無地の白Tは買わない!
人気のゆったりシルエットの白T。海外セレブやモデルちゃん達がステキに着こなしていてもそれはあの抜群のスタイルあってこそ。実はハードルが高いのでスルースルー。
そこはかとなく裸の大将…っていうか湯上がり風??
ルールその3
薄くてピタピタ!は買わない。
海外モノでよくある薄ピタTは「大人のお肉」が目立つのでスルースルー。ただし生地が薄くてもゆったりしていればOK。
JEANASiSで買った、
スター・ウォーズT
まさかのダース・ベイダー柄!!
おまけ
はずしTも大好き!!
ニュー シャネル
前
ケルン
後
アーティスト大竹伸朗ニューシャネルT。
KISS
ロックTも黒JKとの相性グー
HELLZBELLZの最新作ゲットしました
COCO HELLZ
3
スヌTは集めすぎて自粛中…
60年〜70年代のスヌが好き

what's in now?

Summer ❶

ADOREのセットアップはもっぱら単品使い♥
ほんのりレトロな形を最大限にいかすシンプルコーデで✧
アローズのクロップドパンツはちょっと光沢がある綺麗め仕様

レザーJKを合わせる
甘辛MIXコーデは
超お気に入り♥
こんな感じで
2〜3月から
着ちゃいます
かわいい〜♥
ADOREの持つ
クラシカルな世界観は
まさに「大人の甘さ」といった感じ♥
上品な可愛さを出せる
信頼のジャストブランド
花柄の色を
受けて
Sergio rossiのパンプス(P31)や
MICHEL VIVIENEのレースアップシューズ(P89)で
華やかにまとめます♥

大人仕様のマリンスタイル

夏の光の下で映えるマリンスタイルは、定番だからこそ人とは違う、ひと味違った着こなしで差をつけたいものです。

夏ファッション盛り上がってきましたねー!!
ワタクシ
コーデの差し色にも最適かつ、主役級に可愛いシャネル様のバッグを買っちまいましたー!!
愛用Macがイキナリご臨終!! …で痛い出費 一時はあきらめたんですがやはりガマンできず。
魔法のカードで分割払いっス
スリスリ
やれやれ

Yasuko's Comment

夏は、暑さと周りの人たちのカジュアル度に負けて、自分の服も着崩れがちです。マリンスタイルも、単純にボーダーTにデニムを合わせるだけでは、チープに見える可能性が。

きれい目のパンツやジャケットに合わせたり、ジャラジャラしたネックレスで盛ったりして、少しカチッとさせるのが、大人マリンの要です。

色味は、真っ白よりも薄いグレーやアイボリー、真っ青よりも紺を選ぶようにしています。少しくすませるだけで、アスファルトの街中にもなじみやすいマリンスタイルが完成します。

2010年・7月号

コテコテじゃない
薄マリンにハマってます♥
誰がなんて言おうと私の中ではマリン、みたいな。
JEANASiSのナポレオンVジャケット♥
…なぜか毎年のように買ってしまう紺色アウター
オトナなシルエットで
約5,000円!!プチプラ～♥
真夏も着られる素材なのもgoodα
ポシェット風のポケットがニクイ!!
PINCEAUのワンピース♥
ポシェットをしているように見える凝ったTシャツワンピ♥
チェーンは取り外し可能♪
ネックレスにもなるよ
襟ぐりもほどよいあきで値段も約9,000円ゆえに即決→
買う!
BALLYのサンダル♥
流行り廃りのない形とキレイな赤の発色にひかれて購入♥
ココがゴールドなので履いた時チラ見えして可愛い♥
UNITED ARROWSのピンストライプパンツ
白のコットンパンツだと「いかにもマリン」で着恥ずかしいのでライトグレーをチョイス
ネイビーとの相性も抜群!サルエル風で美ラインです

夏気分UPのマキシ丈

マキシ歴約20年(!)の経験を活かし、こなれて見える大人マキシの着こなしの極意をお伝えします。

一度ハマったらマキシなしではいられない!

最近の関心事はなんといっても
RUNNING!!
可能ならば
毎日でも走りたい
くらいのイキオイ!!
体を動かすようになったからか
ナチュラルなコットン素材の服が
気持ち的にハマります〜

Yasuko's Comment

実は学生時代から着ている18年モノのマキシワンピまであるほど、マキシ好きの私。トレンドに関係なく、自分の中では定番アイテムになっています。そんな私のマキシ3大ルールは「丈はくるぶしまで」「カジュアルに着る」「マキシこそメイクとアクセはきちんと(リゾートは別、むしろばっちりメイクは無粋!)」です。

マキシはバランスが命。中途半端に足の肌色が見えてしまうと、一気にかわいさ半減なので、十分な長さのものを選びます。持っておいて間違いがないのはコットンの黒マキシ。リゾートテイストがマキシの魅力なので、化繊のネグリジェっぽいものは避けたいところ。そして部屋着に見せないためにも、メイク&アクセは必須です。

2011年・7月号

マキシ丈で
リゾート気分♥
Jewel Changesの
ピンタックマキシスカート
フリーダ&ネリーのネックレスをポイントに♥
マキシ丈のスカートやワンピースは太い脚を隠すのに最適なアイテム♪
それでいて女度も高いし
ペタンコ靴との相性もいいので重宝しまくり♥
半袖なので着やすい!!
フフフ…
裏地もコットンなので汗をかいてもベタつきません♪
MAGLI BY BRUNO MAGLIの
(ブルーノマリのセカンドライン)
スエード×ハラコサンダル
セカンドラインなので2万円台!!
ひと目ぼれ♥
JEANASISの
マルチラメボーダーワンピ
5400円
なんと
安!!
パキッとした色使いが夏気分を盛り上げます♪
デコルテのあき具合がキレイでスッキリ大人シルエットもお気に入り♥
サイフに優しいて
(色違いもアリ!)

歩きやすい靴を探して

買った靴を履き続けるかどうかの分かれ目は、歩きやすいか否かにかかっています。見た目もかわいくて長く歩ける靴選びのコツ、進藤流です。

先日、パンダを見てきました!!
パンダさいこー♥
パンダあがる～♥
ぽかーん
36歳
……
気持ちが落ちていたので無心に笹をほおばる奴らに癒されました…♥
そんな日々ですが…

Yasuko's Comment

これは2011年の初夏に掲載されたもの。ちょうど東日本大震災の直後に描いたものです。私も震災当日は出先から3時間半かけて自宅に帰り、365日歩けない靴はナシだ！　と痛感しました。2年近く経った今でも、長時間歩けないものを選ぶことはなくなりました。

でも、試着して数歩歩いただけでは、本当に長時間歩ける靴かどうか見極めきれないのが辛いところ。服同様、靴もブランドによって木型が異なるので、同じサイズでも履き心地が大きく違います。それこそデパートで全ブランドの靴を試着する勢いで履き比べて、自分にぴったりのものを探すのもひとつの手です。そうして「ぴったりブランド」をいくつか知っておくと、靴選びがぐっとラクになります。

2011年・6月号

最近 歩きやすい靴ばかり買ってます
Odette é Odileで買った
Alberolaのエスパドリーユ
…実は初エスパ♥
3,990円
2足購入。
ドットとブラウン…
とっても履き心地がよかったので
だってなんとなんですもの!!
母にもブラックを買いました♥
爪先があいてないので春から履いてます。
TORY BURCHのウエッジパンプス
…「Emma」という名前のパンプス♥ 約4cmのヒールと使いやすいフォルムが決め手に。
コルクにきゅーん
アシンメトリーなストラップでベージュ部分はリザードの型押しという凝ったデザイン♥♥
…「GINKANA」
ちなみにサンダルも買いました♪
そして今年ハマったのが…
CHIE MIHARAのパンプス!
わーい
ルミネ新宿1の3Fのヒットマンで購入♥
HITMAN
ゴツめのデザインが多かったけど今シーズンはきゃしゃなものも多くハートを奪われまくり!!
商品名は「AVAGAR」…
…とにかくバツグンに歩きやすい!!
太めの4cmヒール!
レザーソールにはラバーの滑り止め!
そしてインソールに衝撃吸収のスポンジ入り!!…

ミーハー♥クローゼット What's in now?

Summer ❷

10年選手♪
un-tea bamboo の
ノーカラーJK♥
TOMORROW LANDのショートパンツで
活発な印象に✧
ショーパンと言っても短すぎない!
大人でも安心の着丈♪
グリーン×イエローで
初夏らしい色合わせ
ヒールはマストで。
CELINE PARIS

久しぶりに
スティックスカートも気分♪
SOV.のタイトスカートは
すっごくストレッチがきいていて
はきやすい!!
旬なネオンカラークラッチで
アクセントを
ヒップポケットありで
エレガントすぎないのもいい♥

Jewel Changesの白コットンマキシスカート
P29のドレステリアの定番パーカー
発色のキレイなTシャツをINして全体を引き締めつつ華やかに♥
再び登場のエンシャーラのカゴバッグ✧
スパンコールびっしりなのでいいアクセントに✧

まだ寒い時期だって大活躍✧
サルティのストール
beautiful peopleのレザーライダースJK
P43のロックTで(KISSパンダ)ハズして☆
キラキラコンバースはシンプルマキシと相性バツグン♪(P103しかり)
P41のバレンシアガのファースト♡
かれこれ6年愛用

第3章
Autumn

秋のクローゼットは女っぽく装う

秋はおしゃれのしがいがある季節。1枚でも素敵に着られる洋服に、その日の気候に合わせてジャケットやスカーフをプラスするだけで、また違った着こなしを楽しめるから季節の変化を敏感に感じ取って少しずつ冬の準備を始めていく、大人のおしゃれはそんなところから完成されていくのだと思います。

気分が上がるｒｉｃｈのワンピ

人気ブランドｒｉｃｈの魅力に迫ります。着る人をさらにかわいく見せるｒｉｃｈの洋服たち。大人らしく着こなすコツは…？

2011年・10月号

シーズンの立ち上がりって
ワンピースとか
買いたくなりませんか？
やっぱ気分が上がるじゃない!?ワンピって
そんなわけで…
買いすぎ〜

Yasuko's Comment

秋の入り口は、服選びが難しい！　ファッションの気分はすでに秋なのに、まだまだ暑い日が続く…。そんな時のスイッチ服として買ったのが、rich のワンピース３着でした。特にボーダーワンピは本当によく着ています。

rich の魅力は、何といってもデート服として受けがいいこと！　背中が開いていたり、露出度高めの服もあるのですが、決して下品にはならないヘルシー＆セクシーなアイテムばかりなので、30代からの大人かわいいスタイルにぴったりのブランドです。

ただ、デートする相手がいない時は登場回数がぐっと減るのですが…。服の登場頻度で、恋愛バロメーターを測ることができます（笑）。

秋のおしゃれはRichから!
コットンボーダーニットワンピース
グリーン×ネイビーの配色が可愛い!!
トラッドな色使いもrichなら女っぽい
レオパードデシンワンピース
両方ともVあきが絶妙!!
赤が効いてるレオパ柄
まだ暑い9月から着られて、JKを羽織れば秋まっ盛りまでOK
着丈も短すぎないのでアラサー女子にもぴったり
超〜使えるワンピ!!
レースボーダーカットソーワンピース
春夏のイメージの強いボーダーワンピ。ニーハイやベレーなど秋冬小物と合わせればシーズンレス
フレンチテイストな着こなしが好き♪
ヘルシーかつセクシー
richのワンピなら何を着ても女子力がアガる〜

物欲の秋は「＋スカーフ」で乗り切ろう

ブーツやコート、秋冬は何かとお財布を開く機会が増えがち。そんな時は一度、クローゼットの奥を捜索してみましょう。何かお宝が見つかるかもしれません。

2010年・11月号

デンジャラスな…
物・欲・の秋
到来ですね～
景気づけに
まずは…
SARTOREのブーツを購入♥
ま、食欲の秋は当然として～♥
石ちゃん風
サロペも購入！
げぷっ

Yasuko's Comment

秋冬アイテムは単価が高いから、少し買っただけであっという間に散財してしまいますよね。SARTOREのブーツも、サンダルなら何足買えることか…。

そんな散財シーズンの救世主になってくれたのが、昔買ったスカーフでした。会社員時代に買ったものが大半ですが、ただ巻くだけでマンネリコーデも手持ちのバッグも一気に旬の顔にしてくれる、魔法のアイテムです。

それだけで存在感あるので、巻き髪に合わせると一気にバブル臭が…。まとめ髪やショートヘア、服もデニムやレザージャケットなど気崩せるアイテムと合わせるのが、今っぽくつけこなすコツです。

この秋は
スカーフ柄で手持ちアイテムを活性化!!
JOY RICHのミニスカート
チェーンっぽいスカーフ柄。ミニスカでも大人っぽくはけるのでお気に入りです。
HERMESのカレ(90)!!
そして…昔とった杵柄!!
今年はジャンジャン使う予定♡
BEAMSで買ったウールストール
王道スカーフ柄の正方形ストール。赤が効いてるので顔まわりも華やかに♡
デニムなどカジュアルコーデを格上げしてくれるアイテムとして投入!! さらっと首に垂らすのが好き♡
GUCCIの中判スカーフ
なんと15年前に買ったモノ!
タンスの肥やしだったのにね
バッグに巻くと可愛い♡♡
カウボーイ巻きもgood

カーゴパンツは万能

9月になると、気温がたとえ30度近くある日も、空の色や流れる空気は秋モードで、真夏の服が似合わない。そんな時の救世主を見つけました。

夏まっ盛りですが…
店頭には着々と
秋冬モノが!!
そんな気のせく二の時分、
夏アイテムにも秋アイテムにも合う
万能選手はコレだーっ
うそーーん
早いね
ファー
バーン
濃いめのカーキで
ちょっとだけゆったりが
使えます!!
私のはMACPHEEの♥

2010年・9月号

Yasuko's Comment

カーゴパンツは、意外とトップスや小物を選ばない優秀アイテム。デニム並みにコーディネイトの幅が広いのに、急にこなれて見えます。

選ぶ時は「少し腰回りにゆとりがあるもの」「きれい目なツヤ感があるもの」「色味は濃い緑系」の３つが条件。これらをクリアしていれば、大人の女性らしいコーディネイトが叶います。

ただしイラストにもあるように、カジュアルすぎはNG。さらに、胸下切り替えのチュニックなど「かわいい」アイテムも避けた方がいいでしょう。体のラインがある程度分かって、手首、足首、デコルテなど肌色が少し見える大人セクシーさを加えることが、カーゴパンツを素敵に着こなすコツです。

…というわけで…
秋へのスイッチ服は
なにはなくともカーゴパンツで決まり!!
秋…muller of yoshiokuboの紺ブレ
コンサバアイテムをカーゴでカジュアルダウンするのが大好き
王道スカーフ柄もカーゴがあればかしこまらない
さらっと垂らして
美パンプスが必須!!
KENNEL UND SCHMENGERというドイツのブランド…
舌かみそうなブランド名
シンプルなシャツとのコーデは大人ならでは!! 胸元をざっくりあけるとほどよい女性らしさも
晩夏…Shinzoneのボタンダウンシャツ
ゴツめの小物でちょいROCK
JIMMY CHOO…あまりに履きやすく色チ買い!!
夏…MACPHEEのシルクシフォンプルオーバー
ちょっとビジューや刺しゅうがあると大人っぽい
女性らしいカッティングや素材のものとのコーデが鉄則!! なぜなら…アラサー女子はカジュアルすぎるとオバサンぽく見えるから!!
NG
ずどーーん
Tシャツ部長
足首出して

2011年・11月号

本命コート衝動買い

コートは冬の間ほぼ毎日着るから、できるだけ汎用性の高いものを…と思うけれど、それだけじゃつまらない。「気分が上がる」のも、買う時の大切なポイントです。

今年は春から始めたランニングのおかげでスポーツの秋って言えちゃうかも!?
はぁーやせたーい
…あ、でもやっぱり食欲の秋かな〜笑
「神泉ホルモン三百屋」が最近のお気に入り♥
…
ジュー
ジュー

Yasuko's Comment

お出かけシーズンの秋は、食も服も色々と危険な誘惑が（笑）。このコートは、打ち合わせと打ち合わせの間の30分で、出会い→ひと目惚れ→お買い上げとなった、THE 衝動買いアイテム。

コートは着た時に面積の大半を占めるので、顔映りのいい色を選ぶことが必須条件です。基本はきれいな色のものが私の好みですが、冠婚葬祭用に黒やグレーのベーシックなものも、必ず一着は持っておくようにしています。

ほかにも手持ちのものと同じ形のものは選ばない、もし似たものを買う時は、色がまったく違うなど印象をガラリと変えて、コートの着こなしの幅を広げています。

秋本番！
グッドガールが気分です♥
Drawerのダッフルコート♥
なかなか見かけない青色!!
ひと目で恋に落ちて清水買い!!
お値段約150000円!!
Glen Prince
スカーフ柄ストール
巻き物LOVE
ストールは何枚あっても次から次へと欲しくなる〜
my D'artagnan
カシミヤチェックストール
ROSSOドルマンプルオーバー
デコルテのあき、着丈がツボすぎてベージュとチャコール色チ買い!!
my D'artagnan
レオパードスカート
ちょいウエスト高めなので白シャツをINして着るとレディ仕様に♥
早くダッフルコート着たいぞー
もっと寒くなれー

バッグ道楽・私の結論

実用的で、着こなしの引き締め役にもなるバッグ。
散々買い倒してきたからこそ、本当に使える頼もしいバッグが分かってきました。

2009年・1月号

ボーナスのシーズンですね〜〜
ぐへへ
私はボーナスありませんが。
使い道は旅行？ジュエリー？時計？？
バッグを購入する人も多いのでは〜??
ワタクシも今まで数えきれないほどブランドバッグに投資してきましたが…
（使いこなせず手放したバーキンとか…）
スタメンは3ブランド!!
あとはP35で登場のロエベちゃん

Yasuko's Comment

この本でも色んなバッグが登場するので、もう皆さんお察しのことと思いますが、私はバッグに一番散財しているというほどの、バッグ好き。ここ10年はハイブランドものでも、流行にガンガン振り回されてきました。

かつて「トートバッグ好きの人は、お金遣いが荒い」と言われたことがありますが、真偽のほどはさておき、まんまと私は当てはまっています（笑）。

ただ、スカートやワンピースにビッグバッグは合わないなど、服によって合う大きさは異なるので、大中小サイズ違いで揃えておくと便利なことは、ここに記しておきます。

さんざんいろいろなブランドバッグに手を出したけど…
見た目も使い勝手もいい優等生ブランドはコチラ!!
カジュアルもコンサバもOKな
CELINE(のブギーバッグ)
超上質な革☆☆
長く使えるバッグを探していた30才目前。発売すぐにコレだ!!と思い黒を購入
あまりに便利で白も。使いすぎてかなり汚なくなっちゃいました…。
いまやレアもの!
ラージサイズも購入～
今、このサイズは販売終了。上品なベージュを選ぶもビッグサイズで革、という(ゴヤールに比べ)重さがあってか出番少なめ…
スタンダードサイズのブギーはジャストA4が入るサイズ。でもいかにもお仕事バッグにならない、大きさを感じさせないコロンとしたデザインが秀逸…だから→
新作サルーキーを狙ってます
平日も休日も登場回数多し
予想以上の収納力
GOYARD(のサンルイ)
どれも使える!!
3姉妹はコチラ～
GM
PM
Jr.
でもJr.は廃番!! もう1色欲しい～
Jr.はちょっとしたお出かけや旅行時にも持っていくと食事のときなどに重宝。バレンシアガのTHE FIRSTより物が入ります。
PMはお仕事用に。A4書類や資料もいっぱい入るけどスーツを着る職種の人やキレイ系通勤服の人にはカジュアルすぎて不向きかも。
GMはお泊まりやジム通いに!!
次はワンショルダー型のフィッジィが欲しいな～
もういらなくない?
あれえ～?
限定のピンクのPMも購入
調子にのって買ったけどラブリーすぎて他の3つより出番少なめです。
革なのに軽くて多様に使える
BALENCIAGA
王道THE FIRSTとTHE CITY!
まずはバレンシアガならの発色の良さをいかした赤のTHE FIRSTをゲット
差し色として大活躍。買って大正解!!
お仕事バッグ用のTHE CITYは汚れを気にせず使える濃色をチョイス。
(床に置いても気にしない)
ガンガン愛用中♪
通勤バッグにしたいけどA4書類は入らなくていいという人にオススメはTWIGGY。
ただしワンピなどに合わせるとどうしてもカジュアル感が強くなるのでデートや合コンにはTHE FIRSTのほうが絶対可愛い!!
やっぱファースト♪
カラーバリエが豊富なのが共通点☆ 買い始めたらやめられないとまらない!?

寒さ対策に使えるアイテム

おしゃれよりも防寒重視、体のためにはいいことですが、やっぱり見た目もかわいくありたい、そんな時に役立つ防寒アイテムをご紹介。

2008年・11月号

みなさーん
秋冬へ向けての
寒さ対策は
おすみですか？
オフのアイテムだったり
ぽかぽかインナーだったり、表に
見えない物ほど可愛さだけじゃなく
機能性も問われるものですよね!!
ぐるじい!!
そこで今回は…
お役立ち冬仕度アイテムを
ご紹介しまーす♥

Yasuko's Comment

世の女性の大半が、代謝が悪くて冷え性と言われますが、ご多分にもれず、私も冷え性女性のひとり。

そんな私が色々試して温かい＆心地いいと感じたものの中でも、ビジュアルと実用面が揃ったベストアイテムは、イラストにもあるVelnicaのバスローブとカシウエアのブランケット。ブランケットは大きいサイズも買って、寝る時に下に敷いています。極上の肌触りで、真冬のシーツ特有の冷たさを防いでくれるので、安眠の味方です。

もちろん、おしゃれアイテムだけではありません。花王の「めぐりズム」シリーズは、どのアイテムもお気に入り。家にいる時は体のそこここに貼りつけています(笑)。

圧倒的に可愛い Velnicaのポンポンバスローブ♥
類似品があるけど本家本元はコチラ!!
秋冬バージョンはベロアでしっとり♥
毎シーズン絶妙の色合わせに胸キュン!!
あえて「補色」で強めの色合わせが…気分♥
水着やショーパンと合わせていた春夏。これからの季節はカラーレギンスを合わせます♪
アメリカンアパレルのカラーレギンス愛用中
オフのときにこのポンポンバスローブに
カシウェアのベビーブランケット
うっとり…
なんか膝かけにしちゃった日にゃー素敵すぎて自分に酔っちゃいます♥
極上の肌触り!! 手放せませーん♥
そして… 旬なアイテムも実力派を♪
あったかくて着やすい!! Levi'sのチェックシャツ
ネル素材のウエスタン型♥
実はウエスタンシャツって好きなんです。素材もあったかいので2枚購入
ボディーブリファー
楽天で1300円
これはもはや大人のマナー? かがんでも背中が見えず、おなか周りもぬくぬく♥
ずどーん
…スナップボタン付きなのでトイレのときもラクチンです♪
最後は… ワコールのウィング Kirei シェイプインナー
ボディーブリファーと同じく、おなかの冷え防止にもなり、ウエストを押さえてすっきりシルエットにしてくれる秘密兵器(笑) オススメでーす♥
ドーン
¥2900

ミーハー♥クローゼット
what's in now?
Autumn
カーキ色のカーゴパンツ
ドレステリアの上品な白ツイードJKをカーゴパンツでカジュアルダウン！
トップはインナーも白でクリアな印象に
上品なJKには逆にパンチの効いたアクセサリーや小物で遊んで♥
3回目の登場!!
スターモチーフ大好き！

ADOREの黒の
シルクボウタイブラウス
×
CHIE MIHARAの
バイカラーパンプス(P51)
…というレディ要素
たっぷりの
アイテムを
合わせて
5年前に
サンプルセールで
getしました。
まだまだ長く
着られそう〜
P61のGUCCIの
スカーフ…
今年は
ビットモチーフに
再注目
さらにエレガント小物で
味つけしても
カーゴパンツとなら
コンサバになりすぎません

my D'artagnanのカシミヤチェックストール
かなり大判だけど軽いのでマフラーとしても使いやすい
コートのフロント部分から差し色として効かせて♥
「はじめに」に登場、長年愛用中の「MOGA」のコート
前を閉じないほうが可愛いコートなので
実は寒さ対策だったりもします(笑)

そして
コートを脱いだら
カーディガンの
代わりとして使ってます
シャツの上にコレ1枚でも
カシミヤなので本当に
じゅーぶん あったかい!!
シャツはP15の
Shinzoneのワークシャツ。
青×赤でテッパンの可愛さ
ストールなしだと
こんなに薄着
シンプルなニット×
スキニーデニムの時にも
アクセントとして最適

第4章
Winter

冬のクローゼットは賢くおめかし

冬はコーディネイトがマンネリ化しがち。かわいい服もコートで隠れちゃうし、お値段高めの冬服をそう何着も買えないし…。そんな時こそ、今までのお買い物で得た知恵をフル活用！　定番アイテムの着こなしをブラッシュアップしたり、セールを上手に使ったり。考えるほどおしゃれの底力はアップします。

定番品買い足しショッピング

いろいろ買い替えても、クローゼットの中に必ずいつもあるアイテム、それが自分の定番品。
「定番」と言っても、自分らしさと旬らしさは忘れずに。

元々ユニセックスなテイストが
好きではあったんですが
こーいう感じ
なんだか最近
(震災があったから?
走り始めたから? 年のせい??)
よりその傾向が強くなってきました★

Yasuko's Comment

好きなテイストの自分の定番品があると、お買い物に失敗がありません。通常、くたびれたら買い替えるようにしていますが、時々、厚手のシャツやカットソーなど丈夫な素材で、何度洗濯してもくたびれにくいアイテムもあります。しかし定番品といえども、数年経つと着丈や身幅など、ディテールに時代感が出るので「シルエットがモタついてきたかな」と思ったら、そこで代替わりさせています。

ちなみに定番品を身につける時、全身無地の定番品だけでまとめると、なんだか地味な着こなしになるので、バッグや帽子など小物で柄を足したりアクセサリーを加えたりと、どこかにアクセントを入れることで、旬の着こなしにするようにしています。

20011年・9月号

ベーシックアイテムに原点回帰中!
ルシアンペラフィネのカシミヤVネックニット
カシミヤの王様、ルシアンペラフィネ。
胸元に小さく刺しゅうの入ったシリーズが
好きで、少しずつ
買い集めています♥
今年は黒×エンジの
スクールテイストなボーダーを
大
中
小
GOYARDブラウンのトートバッグ(サンルイPM)
この春夏、サンルイをフル活用
あらためてその使い勝手のよさを
実感したのでブラウンを買い足し!!
PRADA SPORTSのエンジニアブーツ
私史上3足目のエンジニアブーツは
通販サイトYOOXで購入♥
色々なブランドがずらりと揃う
YOOXは掘り出し物がいっぱい!♥
型落ちなどで定価よりかなりお安く買えちゃいます♪
去年はV-Cというブランドのウエスタンブーツを購入～♥
購入の決め手は
① エンジニアブーツだけど
4.5cmヒール
② 金具がゴールドで
カジュアルになりすぎない!
シックに履けそうでgood♥

クリスマスにプチプラピアス

クリスマスシーズンの街を歩いていると、つい自分もキラキラさせたくなります。そんな時にお手頃価格で存在感のあるアクセサリーを見つけると、つい手が伸びるのです。

Xmasシーズンですね♥
怖いってば
いーなー
ジュエリー贈ってもらえるそこのアナタがうらやましい!!
私は30歳記念で母に買ってもらった一粒ダイヤのピアス以外はせっせと自腹でジュエリーを買ってきましたが
今、ドカーンと大枚はたける余力がないので
大事にしてます
『デザインも値段も可愛いピアス』を探し出しました〜〜

2010年・1月号

Yasuko's Comment

クリスマスが近づくと、ジュエリー熱が高まりますよね。昔は高級なジュエリーを買ったりもしましたが、最近は手頃な価格でかわいいものを狙う方針にシフト。とはいえ、落ち着いたトーンの秋冬の装いに、チープなものを合わせると安っぽくなるので、吟味が必要です。

最近のお気に入りは「phoebe」のジュエリー。手頃なお値段と上品なデザインで、気付けばほぼ毎日ここのものを身につけているほど。

冬はマフラーや風邪予防のマスクに引っ掛けないよう、耳たぶに収まるサイズの、小ぶりなピアスの登場頻度も高まります。万が一落としても、悔しくない値段のものを買うようにしていますが、本当に落とすとやっぱり悔しいんですよね（笑）。

冬の顔まわりを彩るプチプラ華やかピアス
春夏は洋服の軽やかさも手伝ってチープなデザインのピアスも可愛いけど秋冬は「お遊びピアス」といえどもシックなものが欲しくなりません？
そんな願望を満たしてくれたのがこの2つ♥
1つずつバラ売りなので(1つ¥5,000)好きな色の石を選んで組み合わせを楽しめちゃいます♥
fingar foodsの Eat me というピアス
本物の石なので輝きがキレイ
赤×紫で大人っぽい感じにしてみました〜♥♥
※fingar foodsはネット販売です
耳たぶから石がこぼれ落ちるようにみえる可憐なデザイン
揺れるピアスって男ウケもいいよね〜
名前がまたイイ!!
ヤレヤレ
ボリュームのあるアウターにも映える!!
色違いのグレーも可愛かった♥
UNITED ARROWSのベルベットリボン付きフープピアス
ほぼ実物大
この素材は冬ならでは
約¥6,000で買いました!!

旬のテイストの黒小物

ともするとビジネスっぽくなる黒のアイテム。
重さを払拭して黒のかっこ良さだけ引き出す着こなしのコツをお伝えします。

今シーズンは黒が大人気
例にもれずワタクシもシーズン初めに黒小物をゲットしました〜
大物はコチラ!!『CHANEL』と『JIMMY CHOO』
どちらもパテント素材
パテントなら黒でも優等生すぎずいい〜感じ
10000
10000
はう〜
かわうい

Yasuko's Comment

黒のバッグは、スーツに合わせるようなカッチリした形のものだとオンの時にしか使えないので、私はくったりした素材だったり、飾りがついたりしている、少しロックテイストのものを選ぶようにしています。

最近は、バレンシアガの「アリーナ クラシック ミニシティ」を購入。手持ちにも斜め掛けにもできるミニサイズで、旅行の時にも活躍してくれそうです。

定番の黒アイテムは、パーカーとマキシワンピ。カジュアルアイテムも、黒だと軽くなりすぎないので、フープピアスや赤い口紅と合わせて、ピリッと引き締まった街中スタイルを楽しんでいます。

2009年・11月号

可愛い♥使える♥黒小物♥
OSSA MONDOのチェーンつきカチューシャ
ココにちょい長めのコームがついているのでずれにくいスグレもの♥
大人っぽくて高級感アリ♥オキニです
クリスティーズのピンストライプのハット
通年使える素材&形がキレイで重宝♥
短いチェーンストラップだけならコンサバにも使えます♥
可愛いだけじゃなく付けるとかなり歩きやすい
超シンプルなルブタンのパンプスも華やかに変身☆
スパンコールのキラキラがポイントに
Clear Pierceのスパンコールシューズバンド
まぶしい
オディット エ オディールのエンジニアブーツ
細身の作りなのでカジュアルすぎず着る服を選びません!
パンツにもスカートにも♥
シワ加工がされていてこなれてる!!
Sweet&Sheepの巾着型ショルダーバッグ♥
意外と収納力もアリ!!
ほかにグレーやネイビーもあって悩みまくり!!
両手があくのでライブや夜遊びにも便利~
ちなみに本革で9,345円(1万円切り!!)

2011年・1月号

セール品、買うなら安い物か高い物

セールを制するものはおしゃれを制する?!　本物じゃないとダメな物、チープに見えない or チープさが魅力になる物、メリハリつけて買うことが、成功の秘訣のようです。

著書本制作が終わり
ハードワークから解放されたら…
財布のヒモがゆるゆるに!!
ひきこもり生活ともおさらば!!
アハハウフフ
おでかけワンピも買ったもんねー
Richのレオパ柄ワンピ
ヤレヤレ…

Yasuko's Comment

この時は、オール描きおろしの単行本(『欲ばりワードローブ』)が完成したハイテンションで、買い物しまくっていました(笑)。

今のお気に入りLowアイテムは前出のユニクロコラボアイテムですが、逆に避けたいのはフェイクファーや合皮のアイテム。どちらの素材も遊びで持つような、あえてチープに見せる「はずしアイテム」としてならかわいいのですが、革ジャンのように「本物の代用品」を身につけられるのは、20代前半までかなと思います。

Highアイテムで揃えておきたいのは、ダイヤやパールのジュエリー。特にパールネックレスは冠婚葬祭にも使えて、シャツの首元を美しく見せたりもしてくれるので、持っておいて損はないですよ。

真冬のHigh&Lowアイテム こう着ます!!
ADOREのツイードコート
ファーを外すとノーカラーコートに!
上品さにひと目惚れ♥
D.if storyのシャイニーパウダー
なんと!!
ジュエリーメーカーとのコラボでダイヤやパールのパウダー入り♥
キラキラが格別!!
Rei-ish 210デニールタイツ
FABIO RUSCONIのブーティ
太ヒールにラバーソールで疲れない!!
買ったな
Low
UNIQLO メリノカシミヤVネックセーター
デコルテがキレイに見える絶妙なあき♥
（巨乳ちゃんは谷間注意）
深あきニットに最適なインナーは
PJのMs.Secret シルエットシェイプ・ブラキャミ!!
（¥1,800）
High
Y《イヴ》S《サン》L《ローラン》のイージーSサイズ♥
荷物の量に応じてボタンの留め外しで対応できちゃう♥
万能!
Jewel Changesのモッズコート♪
裏地のボアは取り外し可能。細身なのでもっさりしません
渋めのカーキが今の気分♪
サイドのボタンを外せば
雑誌やA4ファイルもらくらく収納♥
UNIQLOのヒートテックタイツ
NIKEのエアチャッカモック
スニーカー並みの履き心地でいっぱい歩く日はコレ!!

ラクちん＆着映えワンピ

ワンピースは1枚だけでサマになって、実は着ていてもラクちんな最強アイテム。
シルエットや素材を吟味して、ワンピ上手になっちゃいましょう！

光陰矢の如し!!
もう年末って早!!
みなさんXmasシーズンはいかがお過ごしでしょうか？ ワタクシ
12/14～25まで OLの聖地、
丸の内でグループ展
やります!
みなさん遊びに来てくださ～い
しかも「LOVE」がテーマでーす

Yasuko's Comment

この時のグループ展は、おかげさまで大盛況。お越しくださった皆さま、ありがとうございました！

さて、忘＆新年会シーズンは、ワンピが活躍します。なぜなら1枚でかわいく見えるし、飲み食いしてもお腹回りがフリーダムだから(笑)。同じワンピを何度か登場させる時は、小物でアレンジを加えます。特に黒やグレーのファーのベレー帽は、ヘアスタイルに関係なく似合うし、雰囲気もガラリと変えられるので、おすすめです。

ちなみに、ワンピは1枚で着てかわいいアイテムなので、カーディガンで印象薄めるのは避けて、寒さ対策はショールで対応を。かわいい服をかわいいまま着こなしていきましょう！

年末年始、
会食・飲み会はワンピでGO♪
richのアンゴラニットワンピース♥
一見シンプルながらディテールが凝っていて男子ウケも良さそう♥
ケーブル編みのネックライン
ゴールドのアクセとなじみのいいキャメルで上品に♥
ふんわり袖も、可愛い！
VIVIENNE TAMのチェックプリントオンネットワンピース♥
TAMお得意のネット素材は伸びがよく長時間座る機会にピッタリ!!
手首の見える袖丈が女らしい…♥
ブラウジングでおなかまわりも気にせず食べられます(笑)♥
& by Pinky & Dianneのウールジャージーワンピース
なんと！¥3,990のプチプラ!!
ビールこぼれても怖くない！(笑)
ガールズブランドも活用してます☆
着丈も短すぎないのでお座敷で正座しても安心です♪
カラータイツと合わせると激カワ♥♥
レースアップブーティーなら着脱がしやすくてお座敷向き!!
黒も欲しくなってる…♥

真冬の白を身につけよう

汚れるから…そんな理由で、白をあまり持たない方も多いのではないでしょうか。たけど身につけてみるとピュアな気持ちが湧き上がる、魔法の色でもあるんです。

新年明けまして
おめでとう
ございます
今年も買い物に
精魂注いでまいります。
ちなみに最近買ったのは
コレ。
ニューバランスの
白の
ウインドブレーカー
RUN用
そう、最近…

Yasuko's Comment

2011年に本格的にランニングを始めて、ラン用にカラフルなアイテムを手に取ることが増えました。その反動か、2012年の初めは白いアイテムが新鮮に見えていたようです。

一時期「スタジオファイブ」の下着を買ったりもしていましたが、高級ラインものは美しいけれど補正能力はないので、今はスタジオファイブ以下の「パルファージュ」「ルジェ」(いずれもワコール)に戻っています。白以外は真っ赤、オレンジ、黒や紺など、見えても洋服の一部に見える強い色を買っています。

ちなみに、ストラップレス風の透明な肩ひもは、逆に下着をアピールしているようなもの。それなら水着を着て洋服の一部に見せた方が、ずっとスマートなおしゃれだと思います。

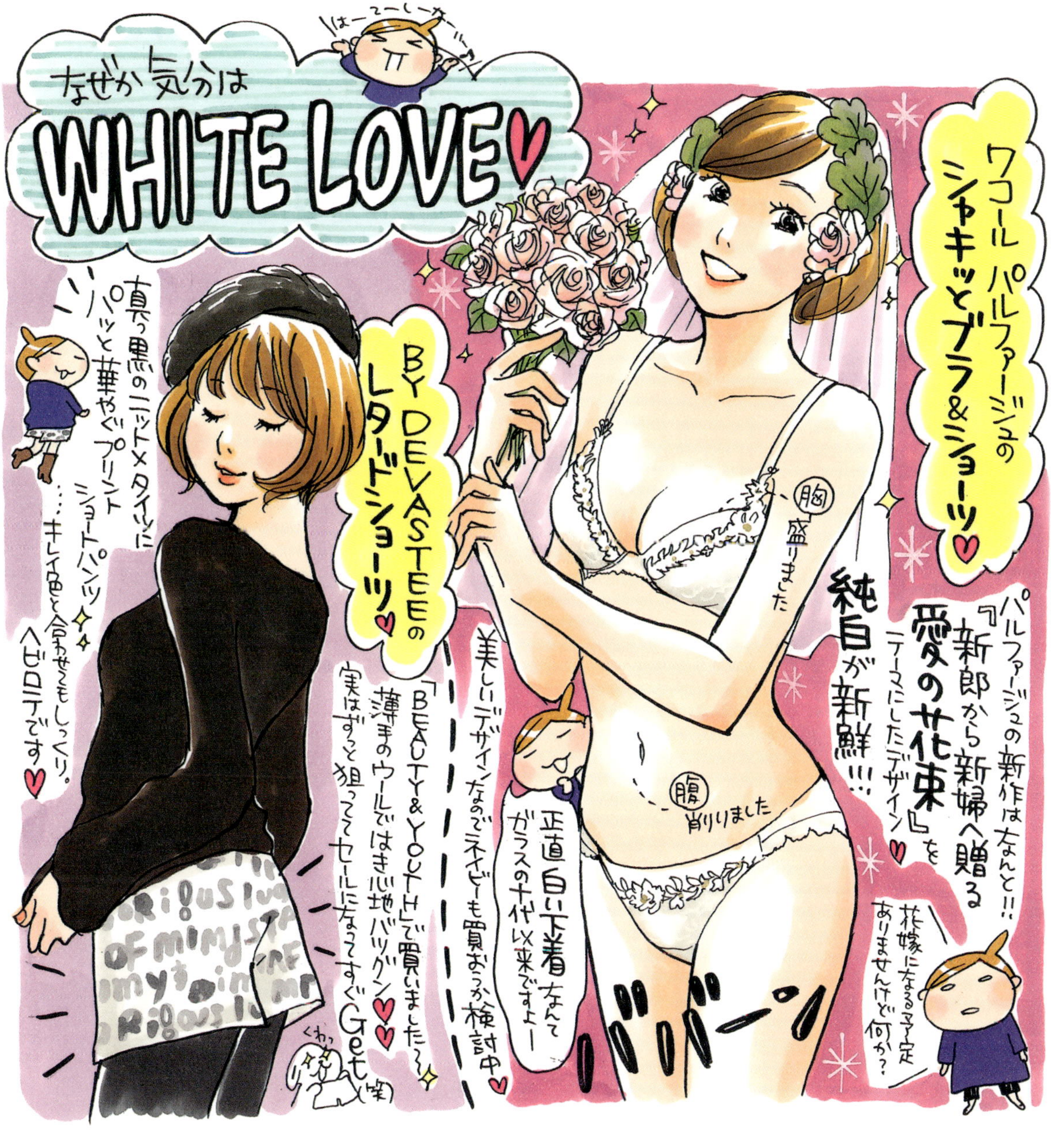
なぜか気分は
WHITE LOVE♥
ワコール パルファージュの シャキッとブラ&ショーツ♥
純白が新鮮!!!
パルファージュの新作はなんと!!『新郎から新婦へ贈る愛の花束』をテーマにしたデザイン♥
胸 盛りました
腹 削りました
花嫁になる予定ありませんけど何か？
正直白い下着なんてガラスの十代以来ですよー
美しいデザインなのでネイビーも買おうか検討中♥
BY DEVASTEEの レタードショーツ♥
「BEAUTY&YOUTH」で買いました〜 薄手のウールではき心地バツグン♥♥
実はずっと狙っててセールになってすぐGet(笑)
くわっ
真っ黒のニット×タイツにパッと華やぐプリントショートパンツ…キレイ色と合わせてもしっくり。ヘビロテです♥

春色バッグのコーディネイト術

一見使いづらそうに見える主張の強い色のアイテムは、相性のいい色と組み合わせることで、上級おしゃれに格上げされます。

すっかり店頭に並んでいる商品が
春モノになりましたね!!
まぶしすぎて目が
ギャーー
まだまだTHE冬着!!
まだかなり寒いので
「先取り感満載」ですが
実は私も昨年末CHANELのファミリーセールで
春っぽいアイテムを捕獲して参りました

Yasuko's Comment

シャネルの魅力は、なんといっても持つだけで高揚感が味わえること。女性の美しさをさらに引き出すアイテムなので、シャネルを持つ日は、所作も自然と丁寧なものになります。

セールでなければ、まず買わなかったであろうブライトカラーのバッグですが、コーディネイトにこなれた感を加えてくれる、優秀カラーでもあるんです。

全身黒に差し色としてポンと持つのも素敵ですが、私の好みは色×色でなじませる着こなし。イラストのように同じ黄色に合わせたり、パープルの靴でおしゃれ上級者を狙ったり。水色のジャケットとも相性◎です。

春を呼び込むブライトカラー
エレガントに
トレンチコートで知的な印象に！
ニヤリ
MICHEL VIVIENのレースアップシューズ
かなり明るい人目をひくパープルが購入の決め手に…♪
実は冬物。前々からセールになるのを待ってました（笑）
それは…コチラ!!
CHANELのマトラッセ
（30cmサイズ）
大事に使お♪
MATELASSE
補色の組み合わせを
トレンチとタイツのカラーで和らげるのが好き
黒のタイツだとコントラストが強すぎちゃうので…
早春にな〜れ♪
だね♪ だね〜♪
展示会でオーダー済…2月に届く予定〜
しかもこの春要注目なイエローときたら買うしかないでしょっ!!
プー
カジュアルに
…オフホワイトやベージュがパンツと相性良さそう〜♪
richのショートパンツ
「大柄」ってすごく好みなんです。
そして何より絵柄の色みが「黄色」というより蛍光色っぽい「レモンイエロー」なのが華やかでお気に入り〜

ミーハー♥クローゼット

What's in now?

Winter

ルシアン ペラフィネの
ボーダーニット
トレンチコートのインナーで
鉄板トラッドコーデ
Rie Millerという
新しいブランドの
ショーパン♥
これまた
必殺
色チ買い!!
落ち着いた
黄色なので
秋冬コーデにも
浮かない
CELINEのラゲージ（P117）
FABIO
RUSCONIの
レースアップ
シューズ（P83）

またまた登場の
beautiful
PeopleのライダースJK
暖かみのあるアイボリーカラーの
薄ーいウール素材の
ひらひらスカートは
意外にもボーダーニットと相性よし♥
スカートの持つ甘さを
レザーJKとボーダーニットという
ユニセックスアイテムで緩和♪

CHANELのマトラッセ
まだ寒い時季は
シックなカラーとの
色合わせを楽しんで♥
スタニングルアーのビッグニット…
…RieMillerのショーパン
キャメル×ブルーにイエロー!☆☆
色×色って難しくない!

暖かくなってきたら
全体的に明度高めのカラーで爽やかに
KEITA MARUYAMAのテーラードJKは
他にベージュもあったけど断然この水色!!
(っていうか ひと目惚れ♥)
優しい
色味なので
いろんな色と
合わせやすい♥
もっと
もっと
黒に頼らない
カラーコーデをすると
おしゃれが
楽しくなります!!

第5章

Beauty & Sports

大人のおしゃれはカラダも大事

服を着こなすためには、ボディラインや肌の手入れも欠かせません。きれいな体作りの基本はよく食べ、よく運動すること。テンションが上がるウエアやコスメ、おいしく続けられるフードの力も借りましょう。何事もまずは形からでOK。もちろん無理はしないで。おしゃれも美容も楽しくないといけません。

2009年・9月号

派手ウエアと小物でスポーツの秋

巷に溢れる、おしゃれでかわいいランウエア。走る時だけじゃもったいない！そんなアイテムも年々増えています。

まずは歩くことから始めないと死んでまう…

空前のジョギングブームですね!!

ワタクシ、高校時代は陸上部で中・長距離を走ってました。

それなのに…あろうことか このブームに乗り遅れ、やっとアップシューズを買いました。

NIKE
いや〜 それにしても… スポーツブランドの可愛いさったら!!!

Yasuko's Comment

ランブームの中、遅ればせながら私もランニングをスタート、スポーツコーナーを見て回ったのですが、さすがブームになっていただけあって、かわいいものが多くて驚かされました。ふだんはなかなか見かけない鮮やかな色使いや、凝ったデザインのものに心奪われて、立て続けに散財してしまいました。形から入るタイプの典型です（笑）。

イラストの青いパーカー（今や19年モノ）も愛用していますが、最近では「ティアリーレイ」というブランドがお気に入りです。タイダイ柄のショーパンや背中がカッティングされたトップスなど、実用性とファッション性を兼ね備えたデザインなので、走る時だけでなく、ビーチや山にも愛用しています。

スポーツウエアは派手派手でいいんじゃない？
昨今のスポーツウエアは鼻血級に可愛いモノばかり
ルコックのランドレ
……ランニングドレスの略
セールでお得に買いました～
見た目も着心地も満点!!
ニヤリ
日常に着る服で色×色ってためらっちゃうけどスポーツウエアは
うわっ派手!!
くらいでちょうどいい!!
着るのが楽しく気分もあがります
…細身のCM320
なんとかかとにチェリー
Reebokのオールインワン
新作でこ～んなイカしたウエアもあります
石ちゃんじゃないよ。
着ていてラクチンなので部屋着にも、もちろん外出着としてもOK
Reebokといえばポンプフューリー
去年X-girlとのコラボで発売されたマルチカラーは争奪戦でした。真冬にまっ黒タイツで履くのも新鮮
New Balanceは派手スニの宝庫!
ランスカ・ランドレも充実してます
そして…今季イチ押しは!!!
NIKEのAQUA《アクア》 WOVEN《ウーブン》
履き心地バツグン!!
エレクトリックライム(蛍光色)買いました
ほかの色も全色買い占めたい!!!
アディダスの15年モノ!! 実はスポーツウエアって古くなってもビンテージぽく見えて使えます♪
発色のいいブルーが可愛い、パーカはなんと…
AIGLEのスカートは適度なゆとりで足さばきがラク
山系ブランドも見逃せません

おしゃれなウォーキングシューズ

きれいになるのに、使うアイテムがイマイチじゃ盛り上がらない！
見た目も機能も◎の美アイテムを厳選しました。

春めいてきました!!
ということはつまり…もう
たるんだボディを厚着で
ごまかすことができません!!!
そ・こ・で…
ボディケア強化月間にしたいと思います!!
宣誓!!
いいねー

Yasuko's Comment

「Reebok」の「Easy Tone」も、色んな種類が出ていますね。私は、形はベーシックで色は派手なスニーカーが好みなので、イラストのEasy Toneはまさにツボ。これを履いて２日に１回は近所をウォーキングしていました。運動が苦手な人も、履きたくなるスニーカーを１足持っておくと、歩きたくなるかもしれませんよ。

そうして運動で鍛えた体をスベスベに保ってくれるボディミルクは、家のあちこちに置いて、小まめに保湿できるようにしています。さらに、よく使うバッグにはハンドクリームを１個ずつ入れています。保湿も運動も、続けることで効果が表れるもの。ジムやエステに通わなくても、できるケアを楽しく継続したいですね。

２０１１年・４月号

美脚と美肌に
効くのはコレだ〜♥
美脚
ReebokのEasyTone
Free style Hi
Reebokの名品「Free style」に
美脚効果のあるEasyToneの
機能を加えたモデルをGET♪
ひと目で恋に落ちました♥
CITY OF ANGELES
「RUN《ラン》」ではないので動きやすい格好で。
Shinzoneのお気に入り
パーカワンピで気分を上げて♥
カフェに寄ったりもするし♪
美肌
BIOTHERMの
ボディリスカルプト
▼SVELT▲
…さわやか系
JILL STUARTの
ボディミルク
…甘め系
…この2つを気分で使い分けてます。
どちらも香りがお気に入り♥
カサカサ肌はもってのほか!!
ぬりぬり
ぬり
シルバーでSO COOL!!
こんなおしゃれなウォーキングシューズ
買わないわけにいかない!!
28%
11%
11%
星柄
替えひもも購入★
手持ちのジョギングシューズと履き比べた結果…
お尻にグイグイ効く感じが!!
ヒップアップだ!!
それもそのはず!! EasyToneは
典型的なウォーキングシューズに
比べ、筋肉活動が28%も
増加するんです
ふふ…

とっておきラン用ファッション

機能性はお墨付き、デザイン力もアップしたラン用アイテムを、老舗スポーツメーカーで発見しました。

すっかり週3回の
RUNNINGが習慣に
最近のランニングウエアってどの
メーカーのものもとっても可愛いんですが
先日、原宿の
MIZUNOショップで
とっておきのウエアを発見しました

Yasuko's Comment

そもそもランニングには何を着たっていいので、それこそ手持ちのTシャツ＆スエットで走っても問題ないのですが、ふだんは選べない派手なものが揃っているスポーツコーナーを見てしまうと、素通りなんかできません。

しかし「MIZUNO」といったら、スポーツウエアの老舗。実直なものばかりを取り扱っていると思ったら、それは大間違いでした。イラストにある限定ウエアはもう入手できませんが、「+me」という女性向けラインは、おしゃれなものがいっぱい。ドルマンスリーブのトップスや、コクーンシルエットのウインドブレーカーなど、流行を押さえつつ機能性もばっちりの、優れものだらけです。

2011年・8月号

ちょっと盲点!?
MIZUNOの限定ウエアがアツイ!!!
そもそもスポーツウエアに店舗限定品があるって新鮮じゃないですか?
…限定品じゃないウエアもいろいろ買いまくってます♪
サイドのリボンがキュートなランパンはアシックス
カタチから入るタイプ!
隠れミッキーTシャツ
パッと見、水玉?と思いきやよーく見るとミッキーがまじってる!!!
こちらはミズノショップ数店舗の限定品ですが私はmagaseekで見つけて買いました~!!
むすっ
スヌ派
ミッキー派じゃなくてもやられちゃいました
ひらひらランスカ
…キュロット
ランパンにもランスカにも抵抗がある人は
ニューバランスのものを愛用してます
ぐいー
フリル付きトップス
…どの色とも相性のいいライトグレー
かわいー!
2段フリルがにくい!!
下着が透けないし夜RUNに明るい色は最適

美容注力週間

毎日のメンテナンスに加えて、時にはスペシャルケアも加えたいもの。
自分のために手をかける時間が、女性の美しさを支えてくれるのです。

気づけば早、秋の気配。
夏生まれの私、
また1つ年を
重ねてしまいました
もう
おめでたくない
のよ…
36才
かもね
正直1日たりとも年をとりたくないですが
お祝いしてもらったりプレゼントもらったりって
やっぱりうれしいですよね〜♥
…いただきもの〜♪
サンタマリアノヴェッラ
すごーくいい香りの
ボディーソープ♥

Yasuko's Comment

美容の時のファッションって、皆さんどうされていますか？　美容院やネイルサロンに行く時は、もちろんお出かけ仕様のスタイルだと思いますが、家でのケアも環境づくりが大切だと私は思います。

ヨレヨレのスエットは論外！　流行のふわもこウエアもかわいいのですが、それだと宅配便の対応が限界。私の場合、上に何か羽織ればコンビニぐらいは行ける「ワンマイルウエア」を活用しています。中でも、この本で何度も触れている黒マキシは本当に優秀。きちんと感を保ちつつ、リラックスできるので、家でも外でも活躍してくれます。

そして、服だけでなく美を作る鏡の周りも整えて。非ラブリー派の私も、鏡周りは女子っぽさを発揮して、甘めの空間に整えています。

2010年・10月号

そんなわけで…
え〜トシなので
ただいまビューティ強化月間
美容DAYは楽チンコーデがお約束。近所のネイルサロンへ行くときはこんなカッコ。
DOUBLE HEARTのタンクトップマキシワンピ
ストンと落ち感のキレイなワンピはネットで購入。シワにならないので長時間座っているときに最適
plumpynuts
plumpynutsのチェーンバッグ
なんと約¥2,700のプチプラ♪
キャンバストートでも持ち手がチェーンなのでカジュアルすぎない。
色チ買い
金色ラメが輝くキラキラコンバース
コットンはガラスのケースに
鏡に映りこんでも可愛い香水は数本並べて。
サシェ
よく使うメイク道具はリモコンケースに収納
うちの洗面所はこうなってます〜
リピートしまくりのプチプラコスメは…
コレッ
REVLONのアイブロウペンシル。なじみのいいライトブラウン
NIVEAの色つきリップクリーム チェリーレッドは顔色がよく見えるから下地にも！もしくはスッピンの日はこれ1本でOK♪
おうちでは右のマキシワンピにノーボタンのロングカーデを羽織ってリラックス感UP
AYURAのビカッサボディープレート
たよりにしてます！
めざせ美脚!!
このプレートでせっせとマッサージ!!! むくみを撃退すべく
クリームを塗ってからニチバンの「かかと専用保湿テープ」を貼って寝ると1晩でつるすべに
はがれにくい形!!

セルフメンテで健康美人

健康なくしておしゃれなし。健康への地道な努力を支えてくれるのは、体に嬉しいフードやケア用品の数々です。

すっかり寒くなりましたね～
HYPNOTIC POISON
Dior
香水も さわやかなMiss Dior シェリー オーから 濃厚なヒプノティックプワゾンに 替えました
そ・し・て！
この号が出る頃には無事 走り終えているはずの（初）フルマラソン。
ランニングが習慣になり 健康にもより関心が 高くなりました
そこで・・・

Yasuko's Comment

ディオールの香水は甘すぎなくてちょうどいい濃さなので、秋冬は「POISON」、春夏は「Miss Dior」と使い分けて楽しんでいます。

そしてこの当時は、真剣に走っていた時期ということもあって、体調管理に意識を向け始めていました。特に「RARE PLANT」のジンジャーコーディアルは飲んですぐ体が温まって、ホッと神経が休まる感じが気に入って、これをきっかけに健康食品やボディケアアイテムを積極的に探して試すようになりました。ふだんの生活も、飲み物は常温か温かいもの、家で料理ができない日はジュースで野菜補給、休めない時はビタミンＣやアミノ酸のサプリでバランスを取るなど、特別ではないけれど地道な健康活動を続けるようにしています。

今こそ！内から外からボディケア！
大塚製薬Nature Madeのマルチビタミン&ミネラル
走るためには体もベストなコンディションを！と思いマルチなサプリを飲み始めました
NatureMade
Multiple Vitamin&Minerals
マルチビタミン&ミネラル
KAGOMEのまるごと大豆（大豆飲料）
KAGOME
まるごと大豆
「豆乳ではとりのぞかれる「おから成分」も入ってる!!
食物繊維は豆乳の約10倍!!
なんと!!
先に飲み始めた母は白髪が格段に減少!!
イソフラボンのおかげ？
くろ
ぐろ
箱買いしてます♥
RAREPLANTのジンジャーコーディアル
飲むとすぐ体がポカポカしてヤミツキ～♥
仕事に煮詰まったときにお湯や紅茶で割って癒されてます♥
ほぅ…
…アイスクリームにかけてもおいしい♪
RARE PLANT
同じくRAREPLANTのドライフルーツもおやつに最適
ほどよい甘さがクセになります♥
MARINA PUREのブレスボディローション
ランニングウェアって体のラインがよく出るし
たるんだ太ももが気になります…
セルライト撃退にも効果があるというこのローションでせっせとケアしていつかは
美脚ランナーに…
太!!
ギョッ
MARINA PURE
Brace body Lotion
ZACC

春色スニーカーでアクティブに

働いて、買って、走って、働いて、また買って…。怒濤のお買い物&おしゃれライフは、今までも、これからも健康とかわいいものを愛するハートで構築されています。

この号が出る頃にはワタクシ無事、
3.4
「渋谷・表参道Women's RUN」
(10km)、
3.11
「名古屋ウイメンズマラソン」
(42.195km)を
走り終えているはず!!
このシューズで!!!
えっほ
えっほ
そんなこんなで…

Yasuko's Comment

2008年から続けた連載でしたが、この回が最終回。連載中にランニングにハマったこともあり、締めは健康美がテーマです。

健康的で美しくあることは、おしゃれをする上でも欠かせない条件です。痩せている、太っているという話ではなく、健康的な体でいれば顔色も良くなって、きれいな色が似合いやすくなりますし、背筋が伸びればシルエットが美しくなります。そんな健康美を手に入れるには、やはり体を動かすしかほかありません。運動が苦手ならモノから入るのもアリです。スポーツウエアに限らず、散歩に出かけたくなるワンマイルウエアやスニーカーなど、今の自分の気持ちに合ったかわいい「運動着」を探しに、まずは街に出かけましょう！

体を動かして! めざせ♥健康美
ランニングに♥
街履きに♥
ハイキングに♥
ドットシリーズは全6色♥
C3fitのパフォーマンスタイツ
さらに…快適にスポーツするために必須!!
なんと! コチラは血行を促進!!
一般医療機器として扱われているスグレもの
もう手放せません!!
スニーカーって苦手…
コンバースのオールスターは持ってるけど おれじゃスポーツはできないし、でも「いかにも!」なスニーカーは嫌!!という女子にオススメなのが…
コチラッ!!
くわっ
NIKEのルナエクリプス+2
3色あってどれも使いやすいカラーリング♥
しかもクッション性が高く履き心地バツグン
私は紫をチョイス♥
黒ならよりタウンユースしやすいかも〜
グレーはピンクのシューレースが効いてて女のコっぽい!♥
今回で最終回!! またどこかでお会いしましょ〜
今までありがとう〜
さよーなら〜

ミーハー♥クローゼット What's in now?

Beauty & Sports

最近のお気に入り2大ブランド

Tialeeray《ティアリー レイ》
背中がパックリあいててヘルシー&セクシー♥
デコルテの開き具合がすごくキレイ♥
重ね着してるように見えるデザイン
なんと
タイダイ柄!!
こんな可愛いランパン、ほかにないっっ!!
なんと
GOLD!!
ふだんのスポーツタイムはもちろん、
リゾート映えすること間違いナシ!!

GUACAMOLE《ガカモレ》
いかにも！な水着ではないのに水着素材なのでビーチウェアとしてもワンマイルウエアとしても使えます
…ちょっとニヤリとしちゃう〜
もともと付いてるアニマルチャーム
柄×蛍光色がお気に入り♥
個性的だけど子供っぽくならないデザインがツボです♥
キューン♥

おわりに

こうして見ると5年間分とはいえ「買いも買ったり！」という感じがしますね、さすがに。
今これらに費やしたお金が手元にあったらな〜と正直自分でも思います。

でももう過ぎた事を後悔しても仕方ありません。

こんなしょーもない生き様を晒すのはいささか躊躇しますが、かわいい本になるよう尽力してくださったメディアファクトリーの中條さん、デザイナーの清水さん、最初に連載の話を持ちかけてくださった松永さん、書籍化するにあたり快諾し協力してくださった美人百花の飯田さんをはじめ編集部の方々、みなさんに感謝の気持ちでいっぱいです。
そしてそして、途中でまさかの体調不良で1週間作業が出来なくなった際には、スケジュール調整や暖かい言葉で励ましてくださった担当編集の今尾さん、本当にありがとうございました。とっっっても心強かったです。

それでこれから私は…というと、やっぱり可愛いモノを素通りできずに生きていくんだと思います。

そろそろ無駄遣いはやめないと、と頭では思っているんですよ？

ただ可愛いモノに出会ってしまうと、どうにも制御不能になるのです。

ちなみに可愛いけど、そしてすごく欲しいけど先立つものがない（お金がない）、でも店員さんはすごく好意におすすめしてくれる…。そんな時は「夢に出てきたら買いに来ます」と言って立ち去りましょう。

ちょっと可笑しくて場が和み、「なんだ買わないのかよ」的な不穏な空気にならずに済みます。

そうして本当に夢に出てきたら迷わずダッシュ。

そんなわけで、いざという時にダッシュできる財力を蓄えるべく、せっせと仕事に励む毎日です。

皆さんにもダッシュを厭《いと》わない素敵な出会いがありますように。

そしてクローゼットが、ますます幸せで満たされますように！

2013年春　進藤やす子

進藤やす子の
ミーハー♥クローゼット

2013年3月1日　初版第1刷発行

著　者　　進藤やす子
発行者　　後藤香
発行所　　株式会社メディアファクトリー
〒150-0002
東京都渋谷区渋谷3-3-5
電話　0570-002-001〔カスタマーサポートセンター〕
印刷・製本　凸版印刷株式会社

ISBN978-4-8401-4999-0　C0095

ブックデザイン　清水佳子

この本は、『美人百花』(角川春樹事務所)に2008年3月号～2012年4月号まで
連載されていた「ミーハー♥クローゼット」に、描きおろしを加えたものです。